BIBLIOTECA ESENCIAL

gramática inglesa

Andrew Coney

ESPASA

Director Editorial: Juan Ignacio Alonso
Directora de Diccionarios: Marisol Palés Castro
Editora: Margarita Ostojska Asensio
Diseño de la colección: Joaquín Gallego

Depósito legal: M. 41.631-2000
I.S.B.N.: 84-239-1683-9

Impreso en España/Printed in Spain
Impresión: ROTAPAPEL, S. L.

Editorial Espasa Calpe, S. A.
Carretera de Irún, km 12,200. 28049 Madrid

INTRODUCCIÓN

Este libro es de sumo interés para todos aquellos que estudian inglés, desde los principiantes hasta los que han alcanzado un nivel más avanzado. Cubre la mayoría de los temas gramaticales que los futuros hablantes del idioma encontrarán a lo largo de sus estudios. La experiencia adquirida por el autor como profesor de inglés para hispanohablantes ha permitido seleccionar solamente aquellos aspectos de la gramática inglesa que resultan más útiles para el estudiante. Se ha optado siempre por explicaciones claras y concisas, acompañadas de numerosos ejemplos que facilitan su comprensión.

Asimismo, se incluyen ejemplos de los dos elementos clave de cualquier gramática: las formas y el uso. En cuanto a las formas gramaticales, se han confeccionado tablas de los tiempos verbales y de la construcción de la afirmación, la negación y la interrogación. Estas tablas son de gran utilidad y convendría que el estudiante intentara memorizarlas, dado que con ellas podrá generar un gran número de frases con un menor esfuerzo. Por otro lado, gracias a los numerosos ejemplos, podrá también comprobar, mediante la comparación entre varias frases posibles, los distintos usos de los tiempos verbales o de otros aspectos clave de la gramática inglesa.

El estudiante que se decida a consultar este libro debe tener muy en cuenta que la gramática de cualquier idioma es una materia viva que nace de los textos escritos y de la lengua hablada. Así, pues, búsquela en los periódicos, en los textos que le interesen o en las películas y las canciones que le gusten. Intente mejorar su capacidad de comprensión de la gramática a través de la observación del uso cotidiano del idioma. Procure averiguar por sí mismo las reglas gramaticales y después compruebe si su teoría es correcta consultando el texto de este libro.

Finalmente, es preciso llevar a la práctica y dar vida propia a la gramática. Para ello, extraiga del libro y memorice las frases o estructuras que le sean útiles, que le gusten o que simplemente le hayan llamado la atención. Luego practique con ellas, intentando comunicar su propio pensamiento. Así se dará cuenta de que la gramática no es una mera lista de reglas de formación y de sus múltiples excepciones, sino que se trata de un instrumento muy útil a la hora de aprender y asimilar un idioma.

Suerte y disfrute de sus progresos.

El autor

Contenido

GLOSARIO

Tenga en cuenta que hay variaciones en el uso de los términos gramaticales dependiendo de los textos y de las preferencias de los especialistas. En este libro se han elegido los términos más comunes y más útiles.

activa, voz
active

La frase está en la voz activa cuando el sujeto del verbo es la persona o cosa que realiza la acción: **Mary kicked the ball.** *Mary golpeó el balón.*
Compárelo con la voz *pasiva.*

adjetivo
adjective

Nos da información sobre la palabra a la que acompaña, especificando su apariencia, color, tamaño u otras cualidades: **It's a green apple.** *Es una manzana verde.*

adverbio
adverb

Un adverbio aporta más información sobre cúando, cómo, dónde o en qué circunstancias ha ocurrido algo. El adverbio acompaña al verbo: **He ran quickly.** *Corrió rápidamente.*

artículo determinado
definite article

Los artículos determinados en español son *el, la, los* y *las.* Todos ellos tienen un solo equivalente en inglés: **the.**

artículo indeterminado
indefinite article

Los artículos indeterminados en español son *un, una, unos* y *unas.* Su equivalente en inglés es: **a/an.**

aspecto verbal
aspect

El aspecto hace referencia a la forma en que el hablante contempla una acción. Podemos diferenciar tres aspectos: simple, continuo y perfecto.

auxiliar
auxiliary

Utilizamos los verbos auxiliares para formar tiempos compuestos, las negaciones y las preguntas. Los más comunes son: **do, be** y **have: I don't know.** *No lo sé.* **She was working.** *Estaba trabajando.* **They have gone,** *Se han ido.*

cláusula **clause**	Una cláusula es un grupo de palabras que contiene un verbo. En la siguiente frase hay dos cláusulas unidas por **and: <u>I got up early</u> and then <u>I had breakfast</u>.** *Me levanté temprano y después desayuné.*
comparativo **comparative**	El comparativo de los adjetivos y de los adverbios nos permite establecer una comparación entre dos personas, cosas o entre dos acciones: **He is <u>taller</u> than you.** *Es más alto que tú.* **She drove <u>faster</u> than them.** *Condujo más rápido que ellos.*
condicional **conditional**	Podemos utilizar los condicionales para especular sobre posibles situaciones y sus resultados: **If I were you I'd go now.** *Yo en tu lugar me iría ahora.*
conjugación **conjugation**	La conjugación es el conjunto de las formas que corresponden a un tiempo verbal: **I go, you go, she goes...,** *yo voy, tú vas, ella va...*
conjunción **conjunction**	Las conjunciones son palabras que unen dos palabras o proposiciones: **I left <u>because</u> it was boring.** *Me fui porque era aburrido.*
contable **countable**	Los contables son los nombres que se pueden cuantificar: **one pen, two pens,** *un bolígrafo, dos bolígrafos.* Compárelo con los nombres *incontables.*
continua, forma **progressive**	También recibe el nombre de *forma progresiva.* La construimos con el verbo **to be** + verbo terminado en **–ing: She is running.** *Ella está corriendo.*
demostrativo **demonstrative**	Empleamos los demostrativos (**this, that, these, those**) para identificar a personas u objetos concretos: **Look at <u>that</u> boy.** *Mira a aquel chico.*
directo, estilo **direct speech**	El estilo directo reproduce las palabras de otra persona literalmente. Utilizamos las comillas para acotar el texto citado: **'<u>Let's go!</u>' she said.** *«¡Vámonos!», dijo ella.*
gerundio **gerund**	Construimos el gerundio con la raíz del verbo más **–ing: I love <u>riding</u>.** *Me encanta montar a caballo.*
imperativo **imperative**	Formamos el imperativo con la raíz del verbo y lo empleamos para dar órdenes: **Come here!** *¡Ven aquí!*
incontable **uncountable**	Los nombres incontables suelen referirse a masas, sustancias o conceptos que difícilmente se pueden cuantificar: **sugar,** *azúcar;* **milk,** *leche;* **love,** *amor.*

indefinidos
indefinites

Los indefinidos son palabras que podemos utilizar para referirnos a personas, cosas, lugares, etc. sin definir exactamente quién, qué o dónde. Los indefinidos incluyen: **someone, something, anywhere, anyone,** *alguien, algo, (en) alguna parte, cualquier/a.*

indirecto, estilo
indirect, reported

Utilizamos el estilo indirecto para informar a otras personas sobre lo que ha dicho alguien, pero sin reproducir literalmente sus palabras: **She said she was really happy.** *Dijo que era muy feliz.*

infinitivo
infinitive

El infinitivo en inglés es la forma básica del verbo y va precedido por **to: to work,** *trabajar;* **to play,** *jugar.* Compárelo con la *raíz* del verbo.

intransitivo
intransitive

Un verbo intransitivo es aquel que no lleva objeto: **He laughed.** *Se rió.*

modal, verbo
modal

Los verbos modales incluyen: **can/could, may/might, will/would,** etc. Podemos utilizarlos para expresar posibilidad, probabilidad u obligación: **I <u>might</u> go to the beach.** *Quizás vaya a la playa.*

nombre
noun

Un nombre es una palabra que utilizamos para referirnos a personas, animales, ideas, cosas, sentimientos, etc.: **a tree,** *un árbol;* **happiness,** *felicidad;* **an elephant,** *un elefante.*

objeto
object

El objeto es la persona o cosa que se ve afectada por una acción descrita por un verbo. El objeto puede ser directo: **I bought <u>a bike</u>** *(compré una bicicleta),* o bien indirecto: **She gave <u>me</u> some cake.** *Me dio un trozo del pastel.*

participio pasado
past participle

Construimos los participios pasados regulares al añadir **–ed** a la raíz del verbo: **played,** *jugado;* **worked,** *trabajado.* Empleamos los participios pasados con los tiempos perfectos y en la voz pasiva: **I have <u>eaten</u>.** *He comido.* **The painting was stolen.** *El cuadro fue robado.* Véase *Lista de verbos irregulares.*

participio presente
present participle

Formamos los participios presentes con la raíz del verbo + **–ing** y los utilizamos con varios tiempos verbales: **I am watching the film.** *Estoy viendo la película.*

partícula
particle

Entendemos aquí por partícula un adverbio o preposición que se combina con un verbo para formar un **phrasal verb: She ran <u>out</u>.** *Salió corriendo.*

pasiva, voz **passive**	La voz pasiva construye la frase de modo que el sujeto del verbo es la persona o cosa que se ve afectada por la acción. En inglés formamos la voz pasiva con el verbo **to be** y un participio pasado: **She was kissed.** *Fue besada.* Compárelo con la voz *activa.*
perfecto **perfect**	Construimos el presente perfecto con el verbo **to have** + participio pasado: **they have started** *(han comenzado),* y el pasado perfecto con **had** + participio pasado: **We had been there before.** *Habíamos estado allí antes.*
phrasal verb	Los **phrasal verbs** son una combinación de un verbo más una partícula: **I got up at six.** *Me levanté a las seis.* **They found out.** *Se enteraron.*
posesivos **possesives**	Los adjetivos posesivos son: **my, your, his, etc.,** *mi, tu, su,* etc.
preposición **preposition**	Las preposiciones son palabras que podemos utilizar para indicar posición, tiempo o movimiento: **in, through, between, etc.,** *en, a través, entre,* etc.
pronombre **pronouns**	Un pronombre es una palabra que sustituye a un nombre. Existen diferentes clases de pronombres: Pronombres personales: **I, you, he, she, etc.,** *yo, tú, él, ella,* etc. Pronombres relativos: **who, which, that, etc.,** *quien, que,* etc. Pronombres posesivos: **mine, yours, his, etc.,** *mío, tuyo, suyo,* etc. Pronombres reflexivos: **myself, yourself, etc.,** *me, te,* etc.
question tag	**Question tag** es una coletilla que se añade al final de una frase para pedir confirmación sobre algo: **You are from Bristol, aren't you?** *Eres de Bristol, ¿verdad?*
raíz **base form**	La raíz del verbo es la forma básica del verbo sin **to: play, work,** *jugar, trabajar.*
reflexivo **reflexive**	Utilizamos los reflexivos para hacer hincapié en que el objeto del verbo es el mismo que el sujeto: **He hurt himself.** *Se hizo daño (a sí mismo).*
stative verbs	Son aquellos verbos que no solemos emplear en la forma continua: **I believe you.** *Te creo.*

sujeto
subject

El sujeto de un verbo es la persona o cosa que realiza la acción: **You are playing tennis.** *Estás jugando al tenis.*

superlativo
superlative

Podemos utilizar el superlativo para indicar que alguien o algo tiene una cualidad superior o inferior con respecto a otros elementos dentro de su grupo: **She's the happiest.** *Es la más feliz.* **They're the best.** *Son los mejores.*

tiempos
tenses

El tiempo de un verbo indica el momento en que se desarrolla la acción, que puede ser en pasado, presente o futuro:

futuro: **I will go tonight.** *Iré esta noche.*
futuro continuo: **She will be starting next week.** *Empezará la semana que viene.*
futuro perfecto: **You will have finished by tomorrow.** *Habrás terminado antes de mañana.*
futuro perfecto continuo: **He will have been working for three days.** *Llevará tres días trabajando.*
going to: We are going to win. *Vamos a ganar.*
pasado simple: **I went out last night.** *Salí anoche.*
pasado continuo: **They were playing in the garden.** *Estaban jugando en el jardín.*
pasado perfecto: **He had already seen it.** *Ya lo había visto.*
presente simple: **The river goes through here.** *El río pasa por aquí.*
presente continuo: **She is writing.** *Está escribiendo.*
presente perfecto: **They have bought it.** *Lo han comprado.*
presente perfecto continuo: **We have been waiting.** *Hemos estado esperando.*

transitivo
transitive

Un verbo transitivo es aquel que lleva un objeto: **She bought a new car.** *Compró un coche nuevo.* Compárelo con *intransitivo.*

NOMBRES

NOMBRES CONTABLES E INCONTABLES

Para lograr una mejor comprensión de la gramática inglesa es muy importante entender la diferencia entre los nombres contables e incontables.

Esencialmente, un nombre contable es aquel que se puede cuantificar. Por ejemplo: se puede decir **a book,** pero también se puede decir **one book, two books, three books** etc.:

a book	*un libro*
a chair	*una silla*
a spoon	*una cuchara*
a computer	*un ordenador*

⇨ Nombres contables — formación del plural

Podemos emplear los nombres contables en singular y en plural. Existen algunas normas que rigen la formación del plural de los nombres contables:

- El plural de un nombre contable se suele formar añadiendo una **–s** al final de la palabra:

a table	**two tables**	*una mesa/dos mesas*
a bed	**three beds**	*una cama/tres camas*
a cup	**six cups**	*una taza/seis tazas*

- A los nombres que terminan en **ss, ch, s, sh, x** se les añade **–es:**

a class	**four classes**	*una clase/cuatro clases*
a watch	**ten watches**	*un reloj/diez relojes*
a dish	**five dishes**	*un plato/cinco platos*
a fox	**seven foxes**	*un zorro/siete zorros*

- En los nombres terminados en **–o** se dan dos supuestos diferentes:

  a) algunos llevan **–es** al final:

a potato	**potatoes**	*patata/patatas*
an echo	**echoes**	*eco/ecos*
a hero	**heroes**	*héroe/héroes*
a tomato	**tomatoes**	*tomate/tomates*

  b) mientras que otros llevan solamente la **–s.** Esta distinción, sin embargo, no obedece a una regla fija, sino que debe aprenderse con el uso:

a zoo	**zoos**	*zoológico/zoológicos*
a zero	**zeros**	*cero/ceros*
a piano	**pianos**	*piano/pianos*

- En los nombres que terminan en consonante + **–y,** esta última se suprime y se añade **–ies:**

a country	**countries**	*país/países*
a party	**parties**	*fiesta/fiestas*
a secretary	**secretaries**	*secretaria/secretarias*

- En cambio, a los nombres que terminan en vocal + **–y,** se les añade solamente **–s:**

a boy	**boys**	*chico/chicos*
a key	**keys**	*llave/llaves*
a trolley	**trolleys**	*carrito/carritos*

- En algunos nombres, la **–f** final se convierte en **–ves:**

a calf	**calves**	*ternero/terneros*
a leaf	**leaves**	*hoja/hojas*
a thief	**thieves**	*ladrón/ladrones*
a wolf	**wolves**	*lobo/lobos*

- Finalmente, un grupo muy reducido de nombres sufre una alteración en las vocales que forman la palabra:

a woman	**women**	*mujer/mujeres*
a man	**men**	*hombre/hombres*
a mouse	**mice**	*ratón/ratones*
a tooth	**teeth**	*diente/dientes*
a foot	**feet**	*pie/pies*

⇨ Nombres incontables — concepto y clases

Los nombres incontables se refieren en su mayoría a sustancias, masas y conceptos abstractos. La principal característica de estos nombres consiste en que no se pueden cuantificar. Además, en la gran mayoría de los casos, los nombres incontables no tienen forma plural y, en consecuencia, concuerdan habitualmente con la forma singular del verbo:

This coffee <u>is</u> very good.
Este café es muy bueno.

Hay varias categorías de nombres incontables, aunque fundamentalmente se agrupan en tres, según se refieran a sustancias y masas, ideas abstractas o cualidades humanas. A continuación se incluyen unos ejemplos de cada categoría:

- Sustancias y masas:

coffee	*café*
water	*agua*
sugar	*azúcar*
oil	*aceite*
mud	*barro*
steel	*acero*
snow	*nieve*

No obstante, en un restaurante o en un bar se puede hacer referencia a ciertos alimentos y bebidas en plural:

Two beers and three red wines, please.
Dos cervezas y tres vinos tintos, por favor.

En estos casos, se da por supuesto que se trata de la versión abreviada de **two <u>glasses</u> of beer** y **two <u>glasses</u> of wine.**

- Ideas abstractas:

happiness	*felicidad*
joy	*alegría*
pride	*orgullo*
love	*amor*

- Cualidades humanas:

courage	*coraje*
cruelty	*crueldad*
honesty	*honestidad*
patience	*paciencia*

⇨ Nombres que pueden ser contables e incontables

Algunos nombres tienen, por así decirlo, una naturaleza mixta. Estos nombres pueden ser incontables o contables dependiendo del contexto en que se encuentren, y su significado varía según se utilicen como contables o como incontables. Algunos de los más comunes son los siguientes:

	incontable
cake	*pastel*
chicken	*carne de pollo*
turkey	*carne de pavo*
chocolate	*chocolate*
fish	*pescado*
hair	*cabello*
lamb	*carne de cordero*
paper	*papel*

	contable
a cake	*un pastelito*
a chicken	*un pollo*
a turkey	*un pavo*
a chocolate	*una chocolatina*
a fish	*un pez*
a hair	*un pelo*
a lamb	*un cordero*
a paper	*un periódico, un documento*

⇨ Nombres plurales y singulares

Hay una clase de nombres que llevan una **–s** final y que, sin embargo, suelen concordar con la forma singular del verbo:

Physics is my favourite subject.
La Física es mi asignatura favorita.

Son palabras que en su mayoría se refieren a estudios o actividades:

aerobics	*aerobic*
athletics	*atletismo*
gymnastics	*gimnasia*
mathematics	*matemáticas*
economics	*economía*

y además:

news	*noticias*
chess	*ajedrez*
billiards	*billar*

Come on, the news is on.
Venga, que salen las noticias.

Por el contrario, algunos nombres no llevan la **–s** pero concuerdan con un verbo en plural. Los más importantes son:

sheep	*ovejas*
people	*gente*
police	*policía*

The people here are really friendly.
La gente aquí es muy amable.

The police don't know who is responsible.
La policía no sabe quién es el responsable.

Otros nombres van siempre en plural. Con frecuencia son los que se refieren a objetos compuestos por dos partes iguales:

pants	*calzoncillos*
pyjamas	*pijama*

scissors *tijeras*
glasses *gafas*
tights *medias/pantis*

My pyjamas are in the washing machine.
Mi pijama está en la lavadora.

Where are my glasses?
¿Dónde están mis gafas?

A la hora de contarlos, se les antepone (**a**) **pair of:**

I bought two pairs of pants yesterday.
Ayer compré dos calzoncillos.

I had three pairs of tights here this morning and now they've gone.
Esta mañana tenía aquí tres panties y ahora han desaparecido.

⇨ Nombres colectivos

Existe una categoría de sustantivos en singular que se refieren a grupos de personas:

a family *una familia*
the crew *la tripulación*
a jury *un jurado*
a government *un gobierno*
a club *un club*
a class *una clase*
a school *una escuela*
a choir *un coro*
the staff *el personal*
a team *un equipo*

Si utilizamos un verbo después de una de estas palabras, puede ir en singular o en plural sin cambie el significado de la palabra. Podemos utilizar el verbo en plural cuando consideramos que la palabra se refiere a un colectivo compuesto por sujetos individuales:

The team have been doing really well.
El equipo ha estado muy bien.

My family are the best in the world.
Mi familia es lo mejor del mundo.

Sin embargo, cuando consideramos que la palabra se refiere a una unidad impersonal, utilizamos el verbo en singular:

The choir sings really well.
El coro canta realmente bien.

The team is at the top of the league.
El equipo está a la cabeza de la liga.

⇨ El genitivo sajón

El genitivo sajón expresa posesión y relación. Puede utilizarse tanto con personas como con animales y se construye colocando el apóstrofe (') y la **–s** al final del nombre del poseedor. A continuación, se coloca el elemento poseído, que puede ser un animal o una cosa:

This is Lucy's shoe.
Este es el zapato de Lucy.

That is the cat's plate.
Ese es el plato del gato.

Cuando los nombres son plurales y terminan en **–s,** el apóstrofe se coloca después de la **–s:**

These are the girls' toys.
Estos son los juguetes de las niñas.

Those are the boys' clothes.
Esa es la ropa de los chicos.

Cuando un nombre termina en **–s,** podemos expresar la posesión de dos maneras:

This is Charles' folder.
This is Charles's folder.
Esta es la carpeta de Charles.

Cuando los nombres hacen referencia a lugares o instituciones compuestos por personas, podemos emplear el genitivo sajón:

The university's shops.
Las tiendas de la universidad.

The Government's decision.
La decisión del Gobierno.

Si el contexto deja bastante claro a qué objeto se refiere el genitivo, éste puede omitirse:

It's not her jumper, it's Susie's (jumper).
No es su jersey, es el de Susie.

Cuando aparece un genitivo incompleto, es decir, sin el nombre del objeto poseído, se sobreentiende que se trata de un lugar, la casa de alguien o una tienda:

I bought this at the butcher's.
Compré esto en la carnicería.

I went to Ian's.
Fui a casa de Ian.

Puede haber varias relaciones de posesión:

Rob's friend's mother.
La madre del amigo de Rob.

Si la frase resulta muy complicada, con muchas relaciones de posesión, se puede prescindir del genitivo sajón:

I spoke to <u>the owner of the dog</u> that we saw in the park yesterday.
Hablé con el dueño del perro que vimos en el parque ayer.

El genitivo sajón también puede describir periodos de tiempo:

a week's work *el trabajo de una semana*
a month's salary *el sueldo de un mes*
a year's holiday *las vacaciones anuales*

⇨ Formación de nombres con *of*

Cuando la relación de posesión no se refiere a una persona o animal sino a un objeto, se suele expresar a través de la preposición **of,** que une los dos elementos. Entre otras cosas, es posible utilizar esta construcción para indicar:

- posición:

the side of the house *el lado de la casa*
the edge of the street *el borde de la calle*
the top of the building *la parte superior del edificio*

- cantidad:

a slice of bread *una rebanada de pan*
a bunch of roses *un ramo de rosas*
a piece of cake *un trozo de pastel*
a kilo of potatoes *un kilo de patatas*

- el contenedor y su contenido:

a box of matches *una caja de cerillas*
a pint of milk *una pinta de leche*
a cup of coffee *una taza de café*

⇨ Expresiones de posesión o relación con nombres compuestos

Expresamos algunas situaciones de relación o posesión entre objetos a través de una palabra compuesta, creada mediante la unión de dos nombres, de tal forma que el primero se comporta como un adjetivo que describe al segundo. Normalmente utilizamos estas expresiones para describir una circunstancia que es común o bien conocida:

a shoe shop *una zapatería*
an iron bridge *un puente de hierro*
a table leg *la pata de una mesa*

Además, podemos utilizar esta construcción con medidas:

a ten-mile walk *un paseo de diez millas*
a thirty-kilometre journey *un viaje de treinta kilómetros*
a four-kilogramme fish *un pez de cuatro kilos*

Téngase en cuenta que un mismo nombre puede ir en primera o en segunda posición, y que este orden altera el significado del nombre compuesto:

a horse-race	*una carrera de caballos*
a race-horse	*un caballo de carreras*

⇨ Ortografía de los nombres compuestos

Existen tres formas de escribir los nombres compuestos:

- como dos palabras independientes:

a drug addict	*un drogadicto*
a coffee cup	*una taza de café (recipiente)*

- con un guión entre las dos palabras:

air-conditioning	*aire acondicionado*
a baby-sitter	*una niñera*

- como una sola palabra:

a briefcase	*un maletín*
a grandchild	*un nieto*

No hay reglas fijas para determinar cómo se deben escribir estas palabras, y a veces existen discrepancias sobre su grafía más corriente. Lo más aconsejable es consultar un buen diccionario recientemente actualizado.

ARTÍCULOS

Los artículos en inglés, a diferencia del español, carecen de género y número, lo cual facilita mucho su uso. Sin embargo, sí existe la distinción entre artículo determinado e indeterminado.

En general, utilizamos el artículo indeterminado **a** delante de un nombre contable en singular para referirnos a un elemento cualquiera dentro de un grupo o categoría. En cambio, el artículo determinado **the** se refiere a un objeto o elemento específico.

ARTÍCULO INDETERMINADO *A*

El artículo indeterminado **a** corresponde en español a *un/una*. En algunos casos utilizamos **an** en lugar de **a.**

➩ El uso de *an*

Es importante tener en cuenta que las razones que obligan al uso de **a** o **an** son estríctamente fonéticas y no producen ningún cambio de significado en el nombre al que se refieren. A continuación se explican las normas que regulan el uso de una u otra forma:

Empleamos **an** en vez de **a** cuando el nombre empieza con una vocal:

an owl	*un búho*
an umbrella	*un paraguas*
an onion	*una cebolla*

o cuando la pronunciación del nombre comienza con un sonido vocálico:

an hour	*una hora*
an honest person	*una persona honesta*

Sin embargo, si la pronunciación del nombre comienza con una consonante, podemos utilizar **a:**

a uniform *un uniforme*
a university *una universidad*
a bottle *una botella*

En el caso de las siglas, si comienzan con un sonido vocálico, utilizamos **an:**

an M.P. *un policía militar* (a **m**ilitary **p**oliceman) [an em pi]

⇨ Usos del artículo indeterminado

Podemos utilizar el artículo indeterminado con cualquier nombre singular y contable:

a horse *un caballo*
a bottle *una botella*
a cassette *una cinta*

I live in a house.
Vivo en una casa.

She's got an idea.
Ella tiene una idea.

Look!, there's a snake.
¡Mira! Hay una serpiente.

para aludir a profesiones:

My sister is a soldier.
Mi hermana es soldado.

His uncle is an artist.
Su tío es artista.

She is a politician.
Se dedica a la política.

o en expresiones que incluyan números o medidas:

It costs $2 a kilo.
Cuesta dos dólares el kilo.

She pays twice a week.
Paga dos veces por semana.

They earn a thousand dollars a month.
Ganan mil dolares al mes.

También utilizamos el artículo **a/an** en expresiones admirativas con nombres contables:

What an exciting film!
¡Qué película más emocionante!

What a beautiful day!
¡Qué día más bonito!

Artículo determinado *the*

Empleamos el artículo determinado **the** *(el, la, los, las)* cuando sabemos perfectamente de qué objeto se trata:

Turn on the television, please. (solamente hay un televisor)
Enciende la televisión, por favor.

Muchas veces se utiliza **a/an** cuando se menciona algo por primera vez. Después, se hará referencia a este mismo nombre con el artículo determinado **the:**

Suddenly they came face to face with a bear.
De repente se encontraron cara a cara con un oso.

The bear was big, agressive and very hungry.
El oso era grande, agresivo y tenía mucha hambre.

Además, utilizamos **the** cuando resulta obvio a qué objeto nos referimos, por la sencilla razón de que no hay ningún otro objeto semejante al mencionado:

Close the door.
Cierra la puerta. (solamente hay una puerta en el salón)

I had trouble with the car again.
Otra vez tuve problemas con el coche. (solamente tengo un coche)

También utilizamos **the** cuando hacemos referencia a un elemento que es único dentro de una categoría:

Look at the sun!
¡Mira el sol!

Where's the moon gone?
¿Dónde se ha ido la Luna?

The air was cool.
El aire era fresco.

That's the Queen!
¡Ésa es la Reina!

The Government has collapsed.
El Gobierno se vino abajo.

En general, podemos utilizar **the** con los nombres de mares, océanos y ríos:

the Atlantic	*el Atlántico*
the Pacific	*el Pacífico*
the Channel	*el canal de la Mancha*
the North Sea	*el mar del Norte*
the Mediterranean	*el Mediterráneo*
the Thames	*el Támesis*
the Rhine	*el Rin*

con grupos de islas, archipiélagos o cadenas montañosas:

the West Indies	*las Antillas*
the Philippines	*las Filipinas*
the Virgin Islands	*las islas Vírgenes*
the Bahamas	*las Bahamas*
the Shetlands	*las Shetland*
the Alps	*los Alpes*
the Himalayas	*el Himalaya*

con desiertos:

the Sahara	*el Sáhara*

con el nombre de un país que lleva una palabra o complemento que lo determina:

the Republic of Ireland	*la República de Irlanda*
the United States	*Estados Unidos*
the United Arab Emirates	*los Emiratos Árabes Unidos*

delante de palabras que identifican un grupo o una categoría de personas:

the vain	*los vanidosos*
the wise	*los sabios*
the fortunate	*los afortunados*
the dead	*los muertos*
the rich	*los ricos*
the young	*los jóvenes*

con nombres de bancos, cines, galerías de arte, hoteles, museos, pubs, teatros y restaurantes:

the Hispano Central
the Odeon
the National Theatre
the Sheraton
the Smithsonian Museum
the Hope and Anchor

excepto cuando éstos contienen el nombre de su fundador y terminan en **-s** o **-'s:**

Harrods
Barclays Bank
Maxim's

con nombres compuestos con **of:**

the Tower of London
the Bank of Spain

y con instrumentos musicales:

I can play the piano.
Toco el piano.

She plays the cello.
Ella toca el violonchelo.

⇨ Omisión del artículo determinado

Se omite el artículo determinado **the** cuando hablamos de conceptos abstractos en términos generales:

Quality, not quantity! That's what matters!
¡La calidad, no la cantidad! Eso es lo que importa.

Happiness is the absence of pain.
La felicidad es la ausencia de dolor.

Love has no cure.
El amor no tiene cura.

o cuando se mencionan cantidades indeterminadas:

Rice is very important to the Asian economy.
El arroz es vital para la economía asiática.

Sugar dissolves in water.
El azúcar se disuelve en el agua.

En comentarios de naturaleza muy general se omite **the** con nombres plurales:

Dogs are my favourite animals.
Los perros son mis animales favoritos.

Cats like to scratch the furniture.
A los gatos les gusta arañar los muebles.

También suprimimos **the** delante de nombres de instituciones, cuando se hace referencia a su función en general. Es el caso de:

church	*la iglesia*
prison	*la cárcel*
college	*el colegio*
school	*la escuela*
university	*la universidad*
hospital	*el hospital*

Por ejemplo:

I am going to university next autumn.
Voy a la universidad el otoño que viene.

She's going to school at ten.
Va a la escuela a las diez.

They were sent to prison.
Fueron enviados a la cárcel.

Take him to hospital.
Llévele al hospital.

Tampoco se usa **the** con las comidas:

Breakfast is my favourite meal.
El desayuno es mi comida favorita.

I usually have dinner at 8 p.m.
Suelo cenar a las ocho.

ni con los nombres de asignaturas académicas, entre ellas los idiomas:

Anatomy is a fascinating subject.
La Anatomía es una materia fascinante.

We speak good English.
Hablamos un inglés correcto.

ni con los colores:

Green is the colour of hope.
El verde es el color de la esperanza.

Blue is my favourite colour.
El azul es mi color favorito.

Además, omitimos **the** con la mayoría de los nombres propios utilizados en mapas o planos, incluyendo:

- nombres de continentes, países, estados, condados:

Europe	*Europa*
China	*China*
Alabama	*Alabama*
Somerset	*Somerset*
America	*América*

- nombres de lagos, montañas, cabos e islas:

Loch Ness
Mont Blanc
Cape of Good Hope
Tasmania

y, finalmente, con nombres de barrios, calles, parques y plazas:

Mayfair
Kew Gardens
Piccadilly Circus

o cuando la denominación incluye el nombre de un lugar o de una persona:

Westminster Abbey
London Bridge
Heathrow Airport
King's College Hospital

⇨ Uso especial

Se ha explicado anteriormente que no empleamos **the** cuando hablamos de algo en términos generales ni tampoco con los nombres de algunas instituciones cuando se hace referencia a la función que desempeñan. Sin embargo, podemos emplear **the** para acompañar a estos nombres cuando queremos hacer un comentario específico sobre una de esas instituciones en particular:

They took him to the hospital in the high street.
Le llevaron al hospital de la calle principal.

She went to the university where my uncle was.
Fue a la universidad donde estaba mi tío.

The trees in this park are beautiful.
Los árboles de este parque son bonitos.

Buy me the packets with the green wrapper.
Cómprame los paquetes con el envoltorio verde.

She is studying the life of Mozart.
Está estudiando la vida de Mozart.

I met him at the anniversary dinner.
Le conocí en la cena de aniversario.

ADJETIVOS

En general, un adjetivo califica a un nombre, describiendo sus cualidades (color, etc.) o bien clasificándolo.

Los adjetivos suelen ir delante de los nombres a los que describen. Sin embargo, no concuerdan con el nombre, es decir, no cambian para adaptarse a su género o número. Por tanto, **clever** puede significar *listo, lista, listas* o *listos.*

Podemos utilizar los adjetivos para describir una cualidad de alguien o de algo:

> **an angry man**
> *un hombre enfadado*
>
> **a charming woman**
> *una mujer encantadora*
>
> **the rich girl**
> *la chica rica*
>
> **the wrong answer**
> *la respuesta equivocada*

para clasificar a un nombre:

> **a weekly report**
> *un informe semanal*
>
> **an antique cupboard**
> *un armario antiguo*

o para indicar el color:

> **green eyes**
> *ojos verdes*
>
> **a black pair of shoes**
> *un par de zapatos negros*

⇨ **Verbos que pueden utilizar un adjetivo como complemento**

Algunos verbos van seguidos de un complemento que describe al sujeto de la frase. Este complemento puede ser un adjetivo. Algunos de los verbos que pueden comportarse de esta manera son: **appear, be, become, feel, get, look, seem, smell, sound, taste:**

I feel very tired.
Me siento muy cansado.

It tastes nice.
Sabe bien.

She is great.
Es fantástica.

That sounds terrible.
Suena horrible.

He looks strange.
Tiene un aspecto extraño.

It smells delicious.
Huele deliciosamente.

Existe un grupo de adjetivos que empiezan en su mayoría con **a–** y que también pueden desempeñar el papel de complemento del verbo, describiendo al sujeto de la frase: **awake, afloat, afraid, alive, alone, asleep:**

She is awake.
Está despierta.

They live alone.
Viven solos.

He is asleep.
Está dormido.

The children are afraid.
Los niños tienen miedo.

The snake is alive.
La serpiente está viva.

➢ Observe que, aunque son adjetivos, no es posible emplearlos delante de un nombre.

Por ejemplo, no se puede decir: **she is an awake girl** sino: **she is awake** o **the girl is awake.**

GENTILICIOS

A continuación, se incluye una lista de países con sus respectivos adjetivos patronímicos. La mayoría de ellos deriva directamente de la raíz del nombre del país al que se refieren:

país	*adjetivo*	
America	American	*americano,-a*
Australia	Australian	*australiano,-a*
Brazil	Brazilian	*brasileño,-a*
Canada	Canadian	*canadiense*
Germany	German	*alemán,-a*
Italy	Italian	*italiano,-a*
Mexico	Mexican	*mejicano,-a*
Russia	Russian	*ruso,-a*

Algunos no son tan regulares:

Spain	Spanish	*español,-a*
Ireland	Irish	*irlandés/esa*
England	English	*inglés/esa*
France	French	*francés/esa*
Holland	Dutch	*holandés/esa*
Scotland	Scottish	*escocés/esa*

⇨ Adjetivos como nombres

Los gentilicios pueden comportarse como nombres y hacer referencia a los nativos del país correspondiente:

The Spanish know how to enjoy themselves.
Los españoles saben pasárselo bien.

The English love Indian food.
A los ingleses les encanta la comida hindú.

También pueden usarse como nombres otros adjetivos, sobre todo los que se refieren a grupos de personas.

Algunos de los más comunes son: **bad, clever, dead, good, healthy, intelligent, living, old, poor, rich, sick, stupid, young** y los empleamos como nombres plurales:

The dead can't speak.
Los muertos no hablan.

The rich get richer.
Los ricos se enriquecen.

ADJETIVOS TERMINADOS EN *–ED/–ING*

Existe un grupo de adjetivos que terminan en **–ed** o **–ing**, tales como:

surprised	**surprising**
interested	**interesting**
bored	**boring**
excited	**exciting**
tired	**tiring**

cuyo significado varía según la terminación que adopten.

⇨ Los adjetivos terminados en *–ed*

Los adjetivos que terminan en **–ed** describen un estado pasajero de una persona:

I'm bored.
Estoy aburrido.

She's interested in the subject.
Le interesa el tema.

They're touched.
Están conmovidos.

We were surprised.
Estábamos sorprendidos.

⇨ Los adjetivos terminados en *–ing*

Los adjetivos que terminan en **–ing** describen las cualidades inherentes de una persona o cosa:

He's boring.
Él es aburrido.

It's interesting.
Es interesante.

She's tiring.
Es una pesada.

They're exciting.
Son emocionantes.

⇨ Participios como adjetivos

Un participio puede comportarse como un adjetivo. Hay dos clases de participios: los participios presentes que terminan en **–ing,** y los participios pasados:

- Los participios presentes describen una acción en curso. Se forman con la raíz del verbo + **–ing:**

  She dived in to save the drowning child.
  Se tiró al agua para salvar al niño que se estaba ahogando.

  He stopped to watch the burning house.
  Se paró para mirar la casa en llamas.

Los participios pasados describen el resultado de una acción. Los participios pasados regulares se forman con la raíz del verbo + **–ed.** Otros son irregulares. (Véase *Lista de verbos irregulares)*

She picked up the broken chair.
Levantó la silla rota.

They put down the completed work.
Dejaron el trabajo terminado.

He ironed the creased shirt.
Planchó la camisa arrugada.

Orden de los adjetivos

En general, se podría decir que los adjetivos que expresan una opinión subjetiva (**nice, beautiful**) se colocan delante de los que expresan información objetiva (**hot, old**):

a beautiful old table
una preciosa mesa vieja

a nice interesting young man
un hombre joven agradable e interesante

En el caso de varios adjetivos objetivos, su orden, en general, es el siguiente: (1) apreciación personal, (2) tamaño, (3) edad, (4) forma, (5) color, (6) procedencia, (7) material + nombre.

➢ Intente memorizar la sigla **odascom,** que procede del orden de los adjetivos en inglés: **opinion, dimension, age, shape, colour, origin, material.**

A big red London bus. (2, 5, 6)
Un gran autobús londinense de color rojo.

A small Victorian square wooden table. (2, 3, 4, 7)
Una mesita cuadrada de madera de la época victoriana.

A proud little brown and white British bull-dog. (1, 2, 5, 6)
Un pequeño y orgulloso bull-dog británico de color marrón y blanco.

Orden de los adjetivos de tamaño: (1) tamaño general (**big, small, large**), (2) longitud o altura (**long, short, tall**) y (3) anchura (**wide, narrow, fat, thin, thick**):

Who's that tall fat person? (2, 3)
¿Quién es esa persona gruesa y alta?

I live in a long wide street. (2, 3)
Vivo en una calle ancha y larga.

He's got a small narrow bed. (1, 3)
Tiene una cama pequeña y estrecha.

Adjetivos posesivos

Los adjetivos posesivos **my/your/his/her/its/our/their** concuerdan siempre con el poseedor y nunca con el objeto poseído. Por tanto, **your** puede significar *tu, tus, vuestro/a, vuestros/as, su(s) (de usted), su(s) (de ustedes)*. **His** corresponde a *su (de él)*, **her** a *su (de ella)* y **their** a *su (de ellos/ellas)*.

➢ Observe que **its** se escribe sin apóstrofe.

adjetivo posesivo

This is my book.
Este es mi libro.

Can I borrow your pen?
¿Me dejas tu bolígrafo?

He's lost his bike.
Ha perdido su bicicleta

Don't take her ball.
No cojas su pelota.

Where is its bone?
¿Dónde está su hueso?

Can you get our drinks?
¿Podrías traernos nuestras bebidas?

I've got their key.
Tengo su llave.

ADVERBIOS

El adverbio, solo o junto a un adjetivo o incluso junto a otro adverbio, completa la información suministrada por un verbo, modificando o matizando su significado.

⇨ **Formación**

Generalmente, formamos los adverbios añadiendo la terminación **–ly** al adjetivo:

adjetivo	*adverbio*	
angry	**angrily**	*con enfado*
bad	**badly**	*mal*
happy	**happily**	*felizmente*
quick	**quickly**	*rápidamente*
slow	**slowly**	*lentamente*
smooth	**smoothly**	*suavemente*
wonderful	**wonderfully**	*maravillosamente*

o a algunos nombres:

nombre	*adverbio*	
month	**monthly**	*mensualmente*
week	**weekly**	*semanalmente*

⇨ **Ortografía de la conversión de un adjetivo en un adverbio**

	adjetivo	*adverbio*
Terminación **–le:** cambia a **–ly**	**gentle**	**gently**
Terminación **–y:** cambia a **–ily**	**easy**	**easily**
Terminación **–ic:** cambia a **–ically**	**automatic**	**automatically**
Terminación **–ll:** cambia a **–lly**	**full**	**fully** sólo se añade **y**

Existe un número reducido de adverbios cuya forma es idéntica a la del adjetivo:

adjetivo	*adverbio*	
fast	**fast**	*rápido/con rapidez*
hard	**hard**	*duro/con dureza*

Finalmente, existen los adverbios *puros*, que no derivan de ninguna palabra:

here	*aquí*
soon	*pronto*
there	*allí*
always	*siempre*
often	*a menudo*
never	*nunca*
sometimes	*a veces*

⇨ Adverbios y verbos

En general, utilizamos los adverbios junto a los verbos para precisar cómo, cuándo o dónde se desarrolla la acción del verbo. Su función es suministrar más información para facilitar la comprensión de la frase:

He played the piece <u>beautifully</u>.
Tocó la pieza muy bien.

They ran <u>quickly</u>.
Corrieron rápidamente.

She <u>always</u> comes before dinner.
Siempre viene antes de la cena.

They played <u>happily</u>.
Jugaron despreocupadamente.

⇨ Adverbios y adjetivos

Un adverbio que acompaña a un adjetivo lo modifica o intensifica y, en general, aporta más información:

I'm <u>terribly</u> sorry.
Lo siento muchísimo.

She's <u>awfully</u> late.
Se retrasa mucho.

They're <u>really</u> stupid.
Son realmente tontos.

⇨ Adverbios que modifican a otros adverbios

Un adverbio también puede modificar o intensificar a otro adverbio:

He ran <u>very</u> quickly.
Corrió muy deprisa.

She sang <u>really</u> beautifully.
Cantó realmente bien.

ORDEN DE LOS ADVERBIOS

Los adverbios pueden ocupar diferentes lugares dentro de la frase: al principio, al final o en medio. A continuación se incluyen las normas generales de su colocación:

- Los <u>adverbios de tiempo</u> responden a la pregunta *¿cuándo?* y normalmente se colocan al final de la frase:

  I think I'll visit you <u>tomorrow</u>.
  Creo que te visitaré mañana.

  He decided to leave <u>the following day</u>.
  Decidió marcharse al día siguiente.

  We spoke to her <u>yesterday</u>.
  Hablamos con ella ayer.

- Los <u>adverbios de modo</u> responden a la pregunta *¿cómo?* y suelen colocarse al final de la frase, siguiendo al complemento directo o al verbo:

  Juan speaks English <u>very well</u>.
  Juan habla inglés muy bien.

  She reads <u>quickly</u>.
  Ella lee rápidamente.

  The team played <u>badly</u>.
  El equipo jugó mal.

- Los <u>adverbios de lugar</u> responden a la pregunta *¿dónde?* y siguen al complemento directo o, en su ausencia, al verbo:

  Have you seen my book <u>anywhere</u>?
  ¿Has visto mi libro en alguna parte?

  He lives <u>in London</u>.
  Él vive en Londres.

  We sat <u>outside</u>.
  Nos sentamos fuera.

- Los <u>adverbios de frecuencia</u> responden a la pregunta *¿con qué frecuencia?* y suelen colocarse delante del verbo:

  I <u>usually</u> play football on Friday.
  Suelo jugar al fútbol los viernes.

  She <u>often</u> comes here on Saturday.
  Suele venir aquí los sábados.

  Sin embargo, se colocan después del verbo **to be**, del primer verbo auxiliar, o de un verbo modal en los tiempos compuestos:

  She's <u>never</u> late for work.
  Nunca llega tarde a trabajar.

I've always lived here.
Siempre he vivido aquí.

He can usually do it when he wants to.
Normalmente puede hacerlo cuando quiera.

➢ Observe que es frecuente encontrar el adverbio **sometimes** tanto al principio como al final de la frase:

Sometimes I wonder why I bother.
A veces me pregunto por qué me tomo la molestia.

He goes riding sometimes.
Monta a caballo a veces.

Cuando en una frase hay dos o más adverbios, el orden suele ser el siguiente: modo - lugar - tiempo:

I'll ring you at the office tomorrow morning.
Te llamaré a la oficina mañana por la mañana.

She was sitting comfortably in an armchair.
Estaba sentada cómodamente en un sillón.

• Los adverbios de intensidad como **quite** *(bastante)*, **very** (*muy)*, **hardly** (*apenas)*, etc. modifican el significado de un adjetivo o de otro adverbio y, por tanto, se colocan delante de ellos:

I'm very tired.
Estoy muy cansado.

The weather was unusually cold.
Hacía más frío que de costumbre.

• Algunos adverbios de intensidad pueden modificar el significado de un verbo y, en este caso, se colocan delante del verbo principal o después del primer auxiliar:

She almost fell off her bike.
Casi se cayó de la bici.

He has just left.
Acaba de marcharse.

⇨ Adverbios especiales: *enough, still, yet*

Colocamos **enough** después de los adjetivos:

You're not experienced enough to get the job.
No tienes suficiente experiencia para conseguir el trabajo.

I'm not good enough to play in the orchestra.
No soy lo suficientemente bueno para tocar en la orquesta.

y delante de los nombres:

Have you got enough money?
¿Tienes bastante dinero?

We don't have enough chairs.
No tenemos suficientes sillas.

Ponemos **still** normalmente delante de un verbo:

He still likes his coffee strong.
Le sigue gustando el café fuerte.

She still wants to go.
Todavía quiere ir.

Sin embargo, colocamos **still** después del verbo **to be** y de los verbos modales:

I can still hear you.
Todavía puedo oírte.

It is still snowing.
Todavía está nevando.

Yet aparece habitualmente al final de la frase:

Have you read the book yet?
¿Ya has leído el libro?

She has not arrived yet.
Todavía no ha llegado.

COMPARACIÓN

COMPARACIÓN DE ADJETIVOS

⇨ Formación de los adjetivos comparativos

Formamos la mayoría de los comparativos añadiendo **–er** al final de un adjetivo:

adjetivo	*comparativo*		
old	**older**	*viejo*	*más viejo*
young	**younger**	*joven*	*más joven*
tall	**taller**	*alto*	*más alto*
cold	**colder**	*frío*	*más frío*
large	**larger**	*grande*	*más grande*
quick	**quicker**	*rápido*	*más rápido*
close	**closer**	*cerca*	*más cerca*

En los adjetivos acabados en vocal seguida de consonante se dobla la consonante:

fat	**fatter**	*gordo*	*más gordo*
hot	**hotter**	*caliente*	*más caliente*
sad	**sadder**	*triste*	*más triste*
thin	**thinner**	*delgado*	*más delgado*
wet	**wetter**	*mojado*	*más mojado*

En los adjetivos que terminan en **–y,** se cambia la **–y** por **–ier:**

happy	**happier**	*feliz*	*más feliz*
angry	**angrier**	*enfadado*	*más enfadado*
busy	**busier**	*ocupado*	*más ocupado*
easy	**easier**	*fácil*	*más fácil*
lucky	**luckier**	*afortunado*	*más afortunado*
silly	**sillier**	*tonto*	*más tonto*
dirty	**dirtier**	*sucio*	*más sucio*
friendly	**friendlier**	*afable*	*más afable*
		simpático	*más simpático*

A la mayoría de los adjetivos de dos o más sílabas anteponemos **more:**

beautiful	**more beautiful**	*bonito - más bonito*
serious	**more serious**	*serio - más serio*
careful	**more careful**	*cuidadoso - más cuidadoso*
interesting	**more interesting**	*interesante - más interesante*
boring	**more boring**	*aburrido - más aburrido*
wonderful	**more wonderful**	*asombroso - más asombroso*
marvellous	**more marvellous**	*maravilloso - más maravilloso*

Algunos adjetivos de dos sílabas admiten las dos maneras mencionadas de formar la comparación, es decir, añadiendo **–er** o anteponiendo **more:**

handsome	**handsomer/more handsome**	*guapo - más guapo*
common	**commoner/more common**	*vulgar/común - más vulgar/común*
clever	**cleverer/more clever**	*listo - más listo*
gentle	**gentler/more gentle**	*suave - más suave*

Otros adjetivos tienen una forma comparativa irregular:

good	**better**	*bueno*	*mejor*
bad	**worse**	*malo*	*peor*

Conviene mencionar el caso particular de **further** y **farther.** Ambos son intercambiables cuando se refieren a distancias:

Your house is further/farther than mine.
Tu casa queda más lejos que la mía.

Sin embargo, sólo **further** puede significar *extra, más, adicional, complementario:*

until further notice
hasta nuevo aviso

further education
estudios superiores

⇨ Usos

El primer término de la comparación va acompañado de un adjetivo comparativo y el segundo (complemento) viene introducido por **than:**

1er término de la comparación + adjetivo comparativo + **than** + 2° término de la comparación

He is cleverer <u>than</u> he seems.
Es más inteligente de lo que parece.

She is taller than you.
Es más alta que tú.

That film was funnier than the one we saw last week.
Aquella película era más graciosa que la que vimos la semana pasada.

This book is far more interesting than the other one.
Este libro es mucho más interesante que el otro.

⇨ Adjetivos comparativos y adverbios

Podemos modificar los comparativos mediante el uso de adverbios:

This cake is <u>much</u> nicer than that one.
Este pastel es mucho mejor que aquél.

He is <u>a lot</u> more serious when he's at work.
Es mucho más serio cuando está en el trabajo.

I think I'm <u>a bit</u> thinner than I was before.
Creo que estoy un poco más delgado que antes.

⇨ Adjetivos comparativos y pronombres objeto

Aunque se considera más informal, es posible utilizar los pronombres objeto **me/you/him/her/it/us/them** con los comparativos, siempre y cuando el segundo término de la comparación esté constituido solamente por un pronombre objeto:

Why's he funnier than <u>me</u>?
¿Cómo es que es más gracioso que yo?

We are much more prepared than <u>them</u>.
Estamos mucho más preparados que ellos.

Sin embargo, si el segundo término de la comparación es una frase, es preciso utilizar los pronombres sujeto: **I/you/he/she/it/we/they:**

She is taller than <u>I</u> am.
Es más alta que yo.

She is angrier than <u>she</u> was before.
Está más enfadada que antes.

⇨ Formación del superlativo de los adjetivos

Muchos de los superlativos se forman añadiendo **–est** al final de un adjetivo:

adjetivo	*superlativo*		
old	**the oldest**	*viejo*	*el más viejo*
young	**the youngest**	*joven*	*el más joven*
tall	**the tallest**	*alto*	*el más alto*

La formación del superlativo sigue las reglas de la formación del comparativo; es decir, en los adjetivos acabados en vocal seguida de consonante, se dobla la consonante:

fat	**the fattest**	*gordo*	*el más gordo*
hot	**the hottest**	*caliente*	*el más caliente*

En los adjetivos que terminan en **–y,** se cambia la **–y** por **–iest:**

happy	**the happiest**	*feliz*	*el más feliz*
angry	**the angriest**	*enfadado*	*el más enfadado*
busy	**the busiest**	*ocupado*	*el más ocupado*

A la mayoría de los adjetivos de dos o más sílabas, anteponemos **the most:**

beautiful	**the most beautiful**	*bonito*	*el más bonito*
serious	**the most serious**	*serio*	*el más serio*
careful	**the most careful**	*cuidadoso*	*el más cuidadoso*

Algunos adjetivos de dos sílabas pueden utilizarse de las dos maneras mencionadas, es decir, añadiendo **–est** o anteponiendo **most:**

handsome	**the handsomest/the most handsome**	*guapo - el más guapo*
common	**the commonest/the most common**	*vulgar - el más vulgar*
		común - el más común

Finalmente, algunos adjetivos tienen un superlativo irregular:

good	**the best**	*bueno*	*el mejor*
bad	**the worst**	*malo*	*el peor*

Se puede utilizar el superlativo para comparar un miembro de un grupo con el grupo en su conjunto.

El superlativo (complemento) va introducido por **the:**

That is the silliest thing I've ever heard.
Es la cosa más tonta que he oído jamás.

She is the most beautiful woman in the world.
Es la mujer más bella del mundo.

COMPARACIÓN DE ADVERBIOS

⇨ Formación del adverbio comparativo y superlativo

Como hemos explicado antes, podemos formar un adverbio añadiendo **–ly** a un adjetivo:

adjetivo	*adverbio*
quick	**quickly**
beautiful	**beautifully**
angry	**angrily**
serious	**seriously**
wonderful	**wonderfully**
cold	**coldly**
close	**closely**

Las formas comparativa y superlativa de un adverbio se consiguen anteponiendo respectivamente **more** (comparativos) y **most** (superlativos) al adjetivo al que se ha añadido previamente la terminación **–ly:**

adverbio	*adverbio comparativo*	*adverbio superlativo*
recently	**more recently**	**the most recently**
quickly	**more quickly**	**the most quickly**
smoothly	**more smoothly**	**the most smoothly**
seriously	**more seriously**	**the most seriously**
angrily	**more angrily**	**the most angrily**
closely	**more closely**	**the most closely**

Cuando el adverbio tiene la misma terminación que el adjetivo, se le añade la terminación **–er** en el comparativo y **–est** en el superlativo:

fast	**faster**	**the fastest**
hard	**harder**	**the hardest**

⇨ El uso del comparativo y superlativo con adverbios

Como se ha explicado antes (véase *Adverbios),* podemos utilizar los adverbios para modificar o añadir más información a un verbo. En consecuencia, en una comparación un adverbio tiene como objetivo la comparación de dos acciones:

He spoke more slowly than I did.
Habló más despacio que yo.

The children played more happily when we left.
Los niños jugaron más alegremente cuando salimos.

Could you talk more slowly, please?
¿Podrías hablar más despacio, por favor?

Do you mind if we walk more quickly?
¿Te importa si andamos un poco más deprisa?

She ran faster than all the others.
Corrió más rápido que los demás.

IGUALDAD

⇨ La comparación de igualdad con adjetivos

Se puede hacer una comparación de igualdad con las palabras **as** + adjetivo + **as,** *tan … como:*

We are as intelligent as them.
Somos tan inteligentes como ellos.

He is as fat as me.
Es tan gordo como yo.

⇨ La comparación de igualdad con adverbios

En la comparacion de igualdad entre adverbios utilizamos la misma estructura que con los adjetivos, es decir: **as** + adverbio + **as:**

She ate as slowly as I did.
Comió tan despacio como yo.

They drove as quickly as they could.
Condujeron tan rápido como pudieron.

⇨ El uso de *as much as/as many* as en la comparación de igualdad

As much/as many ... as puede traducirse como *tanto ... como.*

- Empleamos **as much ... as** con nombres incontables:

He drank as much whiskly as I did.
Bebió tanto whisky como yo.

They spent as much money as she did.
Gastaron tanto dinero como ella.

- Utilizamos **as many ... as** con nombres contables en plural:

We saw as many lions as he did.
Vimos tantos leones como él.

We have as many children as you do.
Tenemos tantos hijos como tú.

INFERIORIDAD

Podemos hacer una comparación de inferioridad utilizando **not as ... as,** *no tan ... como* tanto con adjetivos como con adverbios. Observe los ejemplos a continuación:

⇨ Comparación de inferioridad con adjetivos

I'm not as clever as she is.
No soy tan listo como ella.

They're not as wet as I am.
No están tan mojados como yo.

⇨ Comparación de inferioridad con adverbios

He didn't work as hard as I did.
No trabajó tan duramente como yo.

They won't go as quickly as you.
No irán tan rápido como tú.

We didn't run as fast as we thought we would.
No corrimos tan rápido como pensamos.

She didn't eat as much as she wanted to.
No comió tanto como le gustaría.

⇨ Comparación de inferioridad con *less/the least*

Además, se puede formar un comparativo de inferioridad anteponiendo **less/the least:**

We see him less than we used to.
Le vemos menos de lo que solíamos.

She spoke the least.
Ella fue la que menos habló.

⇨ Una comparación especial: *the..., the...*, cuanto más/menos... más/menos

Se pueden comparar dos circunstancias o acciones simultáneas mediante la siguiente construcción: **the** + comparativo + cláusula, **the** + comparativo + cláusula. La estructura comparativa equivalente en español es *cuanto más/menos... más/menos:*

The closer you get, the better.
Cuanto más te acerques, mejor.

The more I know about her, the more I like her.
Cuanto más sé acerca de ella, más me gusta.

The fewer people there are, the more we will enjoy ourselves.
Cuanta menos gente haya, mejor lo pasaremos.

DEMOSTRATIVOS

Los demostrativos son términos que el hablante utiliza con el fin de ofrecer un punto de referencia a su interlocutor, ayudándole a precisar el contexto físico de la frase.

Los demostrativos aportan información sobre la distancia geográfica o psicológica que separa al hablante del objeto al que hace referencia. La elección entre **this** *(este)* o **that** *(ese)* depende tanto de una distancia física, objetiva y real, como de una distancia psicológica, apreciada subjetivamente por el hablante. Por ejemplo, si hay dos *libros* a la vista y uno de ellos se encuentra más cerca del hablante que el otro, lo más lógico será referirse al primero como **this book** y al segundo, que está más lejos, como **that book.** En este caso se pone en evidencia una distancia física.

- **This** *(este/a)*, **these** *(estos/as)* están próximos en términos de distancia física y psicológica. Utilizamos **this** con un nombre singular contable o con un nombre incontable:

  Have you seen <u>this skirt</u>?
  ¿Has visto esta falda?

  Look at <u>this dog</u>!
  ¡Mira este perro!

  <u>This beer</u> is delicious.
  Esta cerveza está deliciosa.

  Empleamos **these** con nombres contables en plural:

  <u>These shoes</u> are too small for me.
  Estos zapatos son demasiados pequeños para mí.

  I've really enjoyed <u>these last few days</u>.
  Me lo he pasado muy bien estos últimos días.

- **That/those** *(ese/a, esos/as, aquel/aquella, aquellos/as)* están alejados físicamente o se perciben como tales. Empleamos **that** con un nombre singular contable o con un nombre incontable, y **those** con nombres en plural:

  What happened that day?
  ¿Qué pasó aquel día?

  I don't remember that song.
  No recuerdo esa canción.

  Those girls are very naughty.
  Esas chicas son muy traviesas.

  I love those cakes.
  Me encantan aquellos pasteles.

⇨ **Usos especiales**

Cuando es obvio a qué nos referimos, podemos sustituir un nombre mencionado en una cláusula anterior por **this/these/that/those,** que actúan en este caso como pronombres:

Matt is always biting his nails. I hate that!
Matt siempre se está mordiendo las uñas. ¡Cuánto lo detesto!

Can I buy these, mummy?
¿Puedo comprar éstos, mamá?

What are those?
¿Qué son aquéllos?

Al relatar cuentos, anécdotas y chistes en un contexto coloquial, **this/that** suelen sustituir a **a/the:**

There was this woman who lived in a shoe...
Había una mujer que vivía en un zapato...

This man goes into a bar and asks for...
Entra un hombre en un bar y pide...

This/that pueden comportarse como adverbios, equivalentes a *tan/tanto:*

I never thought you would get that upset.
Nunca pensé que te disgustarías tanto.

Did you realize that Christmas was this close?
¿Te habías percatado de que las Navidades estaban tan cerca?

INDEFINIDOS

En general, utilizamos los indefinidos **some** y **any** para modificar nombres plurales e incontables. Tienen una función semejante a la que cumple el artículo indeterminado **a** con los nombre contables en singular.

⇨ Podemos utilizar **some** (*unos, algo de, un poco de*) en frases afirmativas en los siguientes casos:

- delante de nombres contables en plural:

  There are some books in the cupboard.
  Hay (unos) libros en el armario.

  She's got some great new C.D.'s.
  Tiene unos compactos nuevos muy buenos.

  They bought some flowers for the newly-weds.
  Compraron (unas) flores para los recién casados.

- delante de nombres incontables:

  I've got some money in the bank.
  Tengo (algo de) dinero en el banco.

  Let's eat some more chocolate.
  Comamos más chocolate.

  I need to get some petrol.
  Necesito echar gasolina.

⇨ **Any** tiene el mismo significado que **some,** pero lo empleamos en frases negativas e interrogativas. Se suele utilizar en los siguientes casos:

- delante de nombres contables en plural:

  There aren't any instructions in the box.
  No hay instrucciones en la caja.

Have you got any headache pills?
¿Tienes algo para el dolor de cabeza?

Has he shown you any photos?
¿Te ha enseñado alguna foto?

- delante de nombres incontables:

Have you got any whisky?
¿Tienes whisky?

I haven't got any bread for lunch.
No tengo pan para la comida.

She didn't get any wine for the dinner.
No compró vino para la cena.

⇨ **No** equivale a **not ... any** (*nada, ningún*). Normalmente se usa en los siguientes casos:

- delante de nombres contables en plural:

I've got no friends at all.
No tengo ningún amigo.

There will be no clean glasses if we don't wash some soon.
No habrá vasos limpios si no lavamos algunos pronto.

- delante de nombres incontables:

There's no ice in the fridge.
No hay hielo en la nevera.

We've got no sugar for the coffee.
No tenemos azúcar para el café.

⇨ **Pronombres indefinidos - palabras compuestas por *some, any* y *no***

Los pronombres indefinidos son palabras compuestas por dos elementos, uno de los cuales es **some**, **any** o **no,** por lo que se comportan de la misma manera, pero presentan algunas particularidades. Téngase en cuenta que el significado de estos compuestos varía según se usen en frases negativas o interrogativas.

<u>Compuestos de **some:**</u>

- **somebody/someone,** *alguien*

Somebody's at the door.
Hay alguien en la puerta.

Someone called for you last night.
Alguien te llamó anoche.

- **something,** *algo*

  There's something here for you.
  Aquí hay algo para ti.

  I've got something you might like to see.
  Tengo algo que quizás te guste ver.

- **somewhere,** *en algún lugar*

  We'll go somewhere nice this summer.
  Iremos a algún lugar bonito este verano.

  She'd like to go somewhere quiet.
  A ella le gustaría ir a algún lugar tranquilo.

Compuestos de **any:**

- **anyone/anybody,** *nadie* (en frases negativas), *alguien* (en frases interrogativas):

  I couldn't see anybody in the dark.
  No podía ver a nadie en la oscuridad.

  She doesn't know anyone here.
  No conoce a nadie aquí.

  Do you want anyone to come?
  ¿Quieres que venga alguien?

- **anything,** *nada* (en frases negativas), *alguna cosa* (en frases interrogativas):

  They don't want anything.
  No quieren nada.

  He won't eat anything.
  No quiere comer nada.

  Did she like anything?
  ¿Le gustó algo?

- **anywhere,** *en ningún lugar* (en frases negativas), *en algún lugar* (en frases interrogativas):

  Did you go anywhere during the holiday?
  ¿Fuiste a algún sitio durante las vacaciones?

  We don't want to go anywhere.
  No queremos ir a ningún sitio.

Compuestos de **no:**

- **nobody/no one,** *nadie*

  Nobody came.
  No vino nadie.

  No one is here.
  No hay nadie aquí.

- **nothing,** *nada*

  There is nothing to do.
  No hay nada que hacer.

  Nothing has arrived.
  No ha llegado nada.

➢ Observe que en inglés no puede haber dos negaciones en la misma frase. En español se puede decir: *no tengo nada que decir;* pero en inglés se diría: **I haven't got anything to say** y nunca: **I haven't got nothing to say.**

- **nowhere,** *en ningún lugar*

  Nowhere is good enough for him.
  Ningún lugar es suficientemente bueno para él.

  There is nowhere she wants to go.
  No quiere ir a ningún lugar.

➢ Observe que con **somebody/someone/everybody/everyone** se da la siguiente particularidad: en general, suelen ir con el verbo en singular:

Nobody has come.
No ha venido nadie.

Someone is here.
Alguien está aquí.

Sin embargo, es preferible utilizar un pronombre objeto plural **them** y no un pronombre objeto singular **him, her, it** para sustituir a estas palabras, tal y como se puede observar en el ejemplo:

A: Someone has called.
A: Alguien ha llamado.

B: Tell them I'll be up in five minutes.
B: Diles que estaré en cinco minutos.

⇨ Uso especial: *some* en la negación y *any* en la afirmación

Anteriormente se ha explicado que utilizamos **some** en frases afirmativas. Sin embargo, existe la posibilidad de utilizar **some**, o las palabras compuestas por **some**, en frases interrogativas. En estos casos, al recurrir a **some**, el hablante supone que la respuesta a su pregunta va a ser afirmativa:

Can I have some more sugar, please?
¿Me puede dar un poco más de azúcar, por favor?

Would you like some more tea?
¿Te gustaría un poco más de té?

Could we have some more time to finish it, please?
¿Nos podrían dar un poco más de tiempo para terminarlo, por favor?

Would you like to see someone?
¿Te gustaría ver a alguien?

Does he want to go somewhere?
¿Quiere ir a algún sitio?

Did she want something?
¿Quería algo?

También hemos mencionado que empleamos **any** en frases negativas e interrogativas. Sin embargo, podemos utilizar **any** o una palabra compuesta por **any** en frases afirmativas. En estos casos **any** significa *cualquier/a:*

Any idiot can answer that.
Cualquier idiota puede contestar a eso.

Just take any piece.
Coge cualquier trozo.

I'll go anywhere.
Iré a cualquier parte.

He'll take anyone.
Llevará a cualquiera.

She eats anything.
Come cualquier cosa.

LOS DEFINIDOS Y LA CANTIDAD

En lugar de los artículos **a/an/the** o los indefinidos **some/any/no** podemos utilizar otras palabras, denominadas *definidos*, que acompañan al nombre y expresan cantidad.

⇨ **Much** aparece junto con nombres <u>incontables</u> en frases negativas o interrogativas:

I haven't got much money.
No tengo mucho dinero.

Have you got much time?
¿Tienes mucho tiempo?

How much sugar did you need?
¿Cuánto azúcar necesitabas?

⇨ **Many** acompaña a nombres <u>contables</u> en plural en frases negativas o interrogativas:

How many times have you been there?
¿Cuántas veces has estado allí?

She didn't see many lions.
No vio muchos leones.

⇨ **A lot (of)/lots (of).** No hay diferencia de significado entre **a lot of** y **lots of:**

She's taken a lot of photos.
She's taken lots of photos.
Ha sacado muchas fotos.

Utilizamos **a lot of** en frases afirmativas con nombres <u>contables</u> en plural y con nombres <u>incontables</u>:

He ate a lot of chips.
Comió muchas patatas fritas.

They went to a lot of places.
Fueron a muchos sitios.

We put in a lot of petrol.
Echamos mucha gasolina.

Se puede emplear **lots** o **a lot** sin que vayan seguidos de un nombre:

I've drunk a lot.
I've drunk lots.
He bebido mucho.

⇨ Empleamos **a little** con nombres <u>incontables</u>. Indica poca cantidad, pero tiene un sentido positivo. Es como decir *poco, pero sí algo:*

I've just eaten a little food.
Acabo de comer algo.

She's drunk a little wine.
Ha bebido un poco de vino.

El uso de **little** sin el artículo **a** confiere un sentido negativo al contenido de la frase:

I had little time to do it.
Tuve muy poco tiempo para hacerlo.

⇨ Utilizamos **a few** con nombres <u>contables</u> en plural. Indica poca cantidad, pero también tiene un sentido positivo. Es como decir *pocos, pero sí algunos:*

They've seen a few friends since they've been here.
Han visto a unos cuantos amigos desde que están aquí.

I've brought a few extra plates with me.
He traído unos cuantos platos más.

El uso de **few,** sin el artículo **a,** aporta un sentido negativo al contenido de la frase:

They invited few relatives to the ceremony.
Invitaron a muy pocos familiares a la ceremonia.

⇨ **Both,** *ambos, los dos,* se emplea en los siguientes casos:

a) con nombres en plural:

Both children are very happy.
Los dos niños están muy contentos.

Both cats are playing.
Los dos gatos están jugando.

b) seguido de un adjetivo posesivo:

Both (of) my children are at school.
Mis dos hijos están en la escuela.

Both (of) our cats are asleep.
Nuestros dos gatos están durmiendo.

c) con el artículo definido **the** o el demostrativo **these/those:**

Both (of) the children are very happy.
Los dos niños están muy contentos.

Both (of) these cats were given to us by our neighbour.
Nuestro vecino nos regaló nuestros dos gatos.

d) con **of** y un pronombre personal plural **us/you/them:**

Both of them are here.
Los dos están aquí.

En resumen, se puede expresar el mismo contenido con tan sólo ligeras variaciones, como se comprueba en las cuatro frases siguientes; todas ellas significan lo mismo:

Both cats are climbing a tree.
Both of our cats are climbing a tree.
Both of those cats are climbing a tree.
Both of them are climbing a tree.
Los dos (gatos) están subiendo a un árbol.

⇨ **Either,** *cualquiera de los dos,* **neither,** *ninguno de los dos,* se emplean:

a) con nombres en singular:

Either child can do it.
Cualquiera de los niños puede hacerlo.

Neither child has started to walk.
Ninguno de los niños ha empezado a andar.

b) seguidos de **of** + un adjetivo posesivo + un nombre en plural:

Either of my children will come.
Vendrá cualquiera de mis hijos.

Neither of my children likes/like vegetables.
A ninguno de mis hijos le gustan las verduras.

c) con **of** + **the** o el demostrativo **these/those:**

Either of the children will tell you.
Cualquier niño te lo dirá.

Neither of those girls is/are going to play.
Ninguna de aquellas chicas va a jugar.

d) con **of** y un pronombre personal plural **us/you/them:**

Either of them will help you.
Cualquiera de los dos te ayudará.

Neither of us has/have seen it.
Ninguno de nosotros lo ha visto.

➪ **All,** *todos,* utilizamos:

a) con nombres en plural o con nombres incontables:

All countries have signed the agreement.
Todos los países han firmado el acuerdo.

Not all fish has bones.
No todo el pescado tiene espinas.

b) acompañado de un adjetivo posesivo:

Not all (of) their hotels are so good.
No todos sus hoteles son tan buenos.

All (of) our food is fresh.
Toda nuestra comida es fresca.

c) seguido de **the:**

They ate all (of) the suckling pigs during the banquet.
Se comieron todos los cochinillos durante el banquete.

They drank all (of) the wine.
Se bebieron todo el vino.

d) seguido de uno de los pronombres personales **you/us/them** o de uno de los demostrativos **these/those:**

All of them are waiting.
Todos ellos están esperando.

You need to take all of those plates.
Necesitas llevarte todos aquellos platos.

➪ **Most,** *la mayoría,* **some,** *algunos,* **any,** *cualquier/a,* **no,** *ningún/una* empleamos:

a) con nombres en plural o con nombres incontables:

Most whiskies are sold here.
Aquí venden la mayoría de las marcas de whisky.

She eats most cheese.
Come casi todos los tipos de queso.

Some films are just awful.
Algunas películas son simplemente horrorosas.

No dogs are allowed here.
No se admiten perros.

b) seguidos de **of** y de un adjetivo posesivo **my/your/his/her/our/their:**

Most of her money was inherited.
Heredó la mayor parte de su dinero.

Most of their time is spent in the gym.
Pasan la mayoría del tiempo en el gimnasio.

Some of his records are quite good.
Algunos de sus discos son bastantes buenos.

c) seguidos de **of** + **the:**

Most of the time she's on the computer.
Está con el ordenador casi todo el tiempo.

Any of the books are good.
Cualquiera de estos libros es bueno.

d) seguidos de **of** + un pronombre personal **you/us/them** o un demostrativo **these/those:**

Most of you know the answer.
La mayoría de ustedes conoce la respuesta.

Most of those children could beat you.
La mayoría de aquellos niños podría vencerte.

⇨ **Another,** *uno adicional* o *uno extra,* se utiliza con nombres contables en singular:

I need another week to finish the project.
Necesito otra semana para terminar el proyecto.

PRONOMBRES

En general, podemos definir los pronombres como aquellas palabras cuya característica principal consiste en que pueden sustituir a los nombres.

LOS PRONOMBRES SUJETO

Los pronombres sujeto son: **I/you/he/she/it/we/they.** Observe que **you** *(tú, vosotros, usted, ustedes)* lo empleamos tanto en singular como en plural (recuerde que en inglés, al contrario que en español, no existe la distinción entre fórmulas coloquiales *–tú–* y de cortesía *–usted–*).

Podemos emplear los pronombres sujeto para reemplazar a los nombres, sobre todo cuando queda claro a quién o a qué se está haciendo referencia. Cuando desempeñan el papel de un sujeto, suelen colocarse delante del verbo:

Mark lives here. He's been living here for three years.
Mark vive aquí. Lleva tres años viviendo aquí.

I live in Madrid.
Vivo en Madrid.

When do you study?
¿Cuándo estudias?

She is Spanish.
Ella es española.

LOS PRONOMBRES OBJETO

Los pronombres objeto (**me/you/him/her/it/us/them**) pueden desempeñar el papel de complemento directo o indirecto:

Leonie doesn't eat it.
Leonie no lo come.

Give it to me.
Dámelo.

Tell us about them.
Háblanos de ellos.

⇨ El uso de los pronombres sujeto y objeto

Cuando se hace referencia a uno mismo como parte del sujeto de la oración, se considera que lo «correcto» es el empleo de los pronombres sujeto:

Mike and I went for a walk.
Mike y yo fuimos a pasear.

Sin embargo, en el inglés coloquial es más frecuente decir:

Mike and me went for a walk.
Mike y yo fuimos a pasear.

⇨ El uso de *it* y *there*

Podemos utilizar **it** como sujeto impersonal en las expresiones de tiempo o las que se refieren a la temperatura:

It's lovely weather today.
Hoy hace un tiempo maravilloso.

It's really hot.
Hace mucho calor.

It was freezing yesterday.
Hacía muchísimo frío ayer.

It's seven o'clock.
Son las siete en punto.

Además, es posible utilizar **it** para referirse, de forma genérica, al contexto general en que se sitúa la frase:

It's so boring here.
Este lugar es tan aburrido.

It was great fun yesterday.
Ayer fue muy divertido.

There es otra palabra que empleamos como sujeto de una oración impersonal para expresar la existencia de una situación o de un objeto:

There are two bananas on the table.
Hay dos plátanos en la mesa.

There was a storm yesterday.
Ayer hubo tormenta.

Los pronombres reflexivos

Utilizamos los pronombres reflexivos **myself/yourself/himself/herself/itself/ourselves/themselves** para hacer hincapié en que el sujeto y el objeto del verbo son la misma persona:

I looked at myself in the mirror.
Me miré en el espejo.

Sin embargo, no empleamos pronombres reflexivos cuando mencionamos acciones que suele ejecutar habitualmente uno mismo, sin ayuda de otra persona. En consecuencia, no hace falta utilizar un pronombre reflexivo con el verbo **to dress** *(vestirse)*, porque normalmente uno se viste a sí mismo. En inglés se diría: **I got dressed.** *Me vestí.*

A continuación, más ejemplos de uso de los pronombres reflexivos:

I've burnt myself.
Me he quemado.

Did you hurt yourself?
¿Te hiciste daño?

She was talking to herself.
Estaba hablando sola.

He hit himself by accident.
Se golpeó sin querer.

También podemos emplear los pronombres reflexivos cuando queremos subrayar algo:

I did it by <u>myself</u>.
Lo hice yo solo.

⇨ ***Each other/one another***

Podemos utilizar **each other/one another** *(el uno al otro)* cuando queremos indicar que dos personas hacen algo de forma recíproca. **Each other/one another** generalmente significan lo mismo, aunque se suele utilizar **one another** cuando hay más de dos personas:

We looked at each other.
Nos miramos el uno al otro.

They hate each other.
Se odian.

The soldiers looked at one another.
Los soldados se miraron.

➢ Tenga cuidado con el uso de estos pronombres reflexivos. Compare estas dos frases:

They love themselves.
Se aman. (a sí mismos)

They love each other.
Se aman. (el uno al otro)

La primera frase significa que cada una de las personas implicadas (no necesariamente dos) se ama a sí misma. El uso de **each other** en la segunda frase indica el sentimiento de amor recíproco entre dos personas.

Los pronombres posesivos

Los pronombres posesivos son: **mine/yours/his/hers/ours/theirs** (no existe forma para **it**).

Pueden sustituir a un nombre y su función es identificar al poseedor de un objeto:

	pronombre posesivo
The book belongs to me. *El libro me pertenece.*	**It's mine.** *Es mío.*
The pen belongs to you. *El boli te pertenece.*	**It's yours.** *Es tuyo, vuestro, suyo.*
The bike belongs to him. *La bici le pertenece.*	**It's his.** *Es suya.* (de él)
The ball belongs to her. *La pelota le pertenece.*	**It's hers.** *Es suya.* (de ella)
The bone belongs to it. *El hueso le pertenece.*	(no hay forma para **it**) Se podría decir: **it's the dog's bone** *Es suyo.*
The drink belongs to us. *La copa nos pertenece.*	**It's ours.** *Es nuestra.*
The key belongs to them. *La llave les pertenece.*	**It's theirs.** *Es suya.* (de ellos)

Los pronombres relativos

Utilizamos los pronombres relativos **who/that/which/what** para definir con precisión a una persona o cosa y hacer más explícitas sus caraterísticas.

⇨ Los pronombres relativos especificativos

Los pronombres especificativos son necesarios para identificar de qué o de quién se habla:

My friend who lives in London is coming to visit me.
Mi amigo que vive en Londres viene a visitarme.

En esta frase, el pronombre relativo es especificativo, porque define al amigo y lo diferencia de los demás. En resumen, el pronombre ha especificado cuál de los amigos viene a hacer la visita.

Empleamos **who** o **that** para definir a personas:

That's the man who was looking at me in the party.
That's the man that was looking at me in the party.
Ese es el hombre que me miraba en la fiesta.

The woman who was on television yesterday is coming today.
The woman that was on television yesterday is coming today.
La mujer que salió en la televisión ayer va a venir hoy.

y **that** o **which** para definir cosas o animales:

The dog that destroyed my football is over there.
The dog which destroyed my football is over there.
El perro que destrozó mi balón está por allí.

I went to the shop that sells oriental food.
I went to the shop which sells oriental food.
Fui a la tienda de comida oriental.

⇨ Los pronombres especificativos y el objeto

A veces el pronombre relativo define al objeto de una cláusula:

That's someone who I haven't seen for ages.	objeto: **someone**
Look at these rocks that my brother has found.	objeto: **rocks**

En estos casos el uso del pronombre relativo es opcional:

That's someone (who/that) I haven't seen for ages.
Es alguien a quien no he visto durante años.

Look at these rocks (that/which) my brother has found.
Mira estas piedras que ha encontrado mi hermano.

Generalmente, colocamos las preposiciones al final de la cláusula que contiene un pronombre relativo:

Here's the book (that) I was talking to you about.
Aquí está el libro del que te estaba hablando.

That's the woman (that) I was involved with.
Esa es la mujer con quien mantuve una relación.

⇨ Los pronombres relativos explicativos

Los pronombres explicativos aparecen sobre todo en el inglés escrito. No es frecuente usarlos en el lenguaje hablado.

Los pronombres relativos explicativos suministran información adicional sobre una cosa o persona. Equivalen a un aparte, y la información que añaden define a la palabra a la que hacen referencia. Las oraciones explicativas deben ir precedidas de una coma:

My mother, who lives in London, is coming to visit me.
Mi madre, que vive en Londres, viene a visitarme.

En estas frase, el pronombre relativo es explicativo, porque no es posible especificar nada más, ya que todos tenemos, o hemos tenido, solamente una madre.

En el caso de los pronombres de relativo explicativos utilizamos únicamente **who** para personas y **which** para cosas o animales:

Mr. Peters, <u>who</u> had lost nearly all his savings in 1997, decided to go off to Argentina.
El Sr. Peters, que había perdido casi todos sus ahorros en 1997, decidió marcharse a Argentina.

The house, <u>which</u> had been empty for twenty years, stood on top of a hill.
La casa, que llevaba veinte años vacía, estaba en lo alto de una colina.

⇨ El uso especial de *which*

Podemos utilizar **which** para referirnos, de forma conjunta, a toda la información contenida en la cláusula principal:

We never saw each other again, <u>which</u> was a real shame.
Nunca volvimos a vernos, lo cual fue una verdadera lástima.

I've passed the exam, <u>which</u> means I can go to university.
He aprobado el examen, lo cual quiere decir que puedo ir a la universidad.

⇨ El uso especial de *what*

Empleamos el pronombre relativo **what** para hacer referencia a algo cuyo contenido, sin embargo, no se especifica. Equivale a **the thing(s) that,** *la(s) cosa(s) que:*

I want to know <u>what</u> you mean.
Quiero saber a qué te refieres.

I agree with <u>what</u> she said.
Estoy de acuerdo con lo que dijo.

Has she told you <u>what</u> she's so happy about?
¿Te ha dicho qué le hace tan feliz?

You have to do <u>what</u>'s right for you.
Debes hacer lo que sea bueno para ti.

La oración

La estructura básica de la frase

Esta sección trata de ofrecer una perspectiva general sobre la estructura básica de una frase en inglés. La mayoría de ellas empieza con un sujeto que consiste en un nombre, un pronombre o un grupo de palabras. El sujeto va seguido de un verbo:

> **I run.**
> *Corro.*

Puede ocurrir que la acción se exprese a través de un solo verbo principal, o bien puede tratarse de un grupo verbal formado por auxiliares, verbos modales o infinitivos:

> **I can run.**
> *Puedo correr.*

> **They have spoken.**
> *Ellos han hablado.*

> **She is playing.**
> *Ella está jugando.*

El verbo o el grupo verbal puede ir seguido de otro nombre o grupo nominal llamado objeto. Este, a su vez, puede ser directo (OD) o indirecto (OI):

> **I have eaten an apple.**
> *He comido una manzana.* (OD)

> **He plays the violin.**
> *Toca el violín.* (OD)

> **I gave the apple to my sister.**
> *Le di la manzana* (OD) *a mi hermana.* (OI)

El grupo verbal o el objeto pueden ir seguidos de un adverbio o de un grupo preposicional:

They played tennis <u>very well</u>.
Jugaron muy bien al tenis. (adverbio)

She ate the steak <u>quickly</u>.
Comió el filete rápidamente. (adverbio)

He met them <u>at six o'clock</u>.
Se reunió con ellos a las seis. (grupo preposicional)

Muchas frases en inglés consisten en variaciones de esta estructura básica: sujeto, verbo, objeto y adverbio o grupo preposicional.

FORMACIÓN DE NEGACIONES E INTERROGACIONES

La formación de la negación e interrogación también obedece a unas reglas básicas, si bien éstas son susceptibles de variaciones que conllevan una mayor complejidad.

Aunque vamos a estudiar con más profundidad la formación de la negación y de la interrogación, antes de empezar un análisis más detallado vale la pena ver cómo se construyen en general.

⇨ La negación

Al formar la negación añadimos **not** después del auxiliar **have,** del verbo **to be** o de un verbo modal:

afirmación	*negación*
I have eaten. *He comido.*	**I have <u>not</u> eaten.** *No he comido.*
They are playing. *Están jugando.*	**They are <u>not</u> playing.** *No están jugando.*

En el presente simple colocamos **do not, does not,** y en el pasado simple se añade **did not** antes del verbo principal:

afirmación	*negación*
She plays tennis. *Ella juega al tenis.*	**She <u>does not</u> play tennis.** *Ella no juega al tenis.*
They worked hard. *Trabajaron mucho.*	**They <u>did not</u> work hard.** *No trabajaron mucho.*

⇨ La interrogación

La formación de la interrogación requiere invertir el orden de las palabras en la frase. Cuando hay un auxiliar **have, to be** o un verbo modal, éstos se sitúan al principio de la oración:

afirmación	*interrogación*
She can run fast. *Ella puede correr rápido.*	**Can she run fast?** *¿Puede correr rápido?*
They have spoken. *Ellos han hablado.*	**Have they spoken?** *¿Han hablado?*

En el presente simple situamos **do** o **does** al principio de la oración y en el pasado simple **did:**

afirmación	*interrogación*
They walk to work. *Van a trabajar andando.*	**Do they walk to work?** *¿Van a trabajar andando?*
She watched TV last night. *Vio la televisión anoche.*	**Did she watch TV last night?** *¿Vio la televisión anoche?*

VERBOS

FORMACIÓN DE LOS TIEMPOS VERBALES

Ahora pasamos a una sección que se ocupa del estudio de los tiempos gramaticales. Es muy importante recordar que la gramática se basa en la selección de opciones que elige el hablante en el momento de comunicar un mensaje. Muchas veces la elección de una u otra forma o tiempo verbal depende más de la intención del hablante y de lo que éste quiere comunicar que de una opción entre una forma correcta y otra incorrecta y, en muchas ocasiones, puede haber varias opciones correctas para expresar una misma cosa.

Una segunda observación importante a tener en cuenta es la ausencia en inglés de la diferencia entre formas de cortesía e informales, paralela a la distinción entre *usted* y *tú*. En inglés se utiliza únicamente **you** en ambos contextos.

EL VERBO *TO BE*

El verbo **to be** tiene especial importancia en inglés, porque no solo funciona como verbo principal, sino también como verbo auxiliar en otros tiempos gramaticales.

Hay que recordar que **to be** significa tanto *ser* como *estar,* dado que el inglés no distingue entre el significado de estos dos verbos.

Formamos la negación al añadir **not** después del verbo **to be,** y construimos la interrogación al situar el verbo **to be** al principio de la oración:

afirmación	*negación*	*interrogación*
I am clean.	I am not clean.	Am I clean?
You are tired.	You are not tired.	Are you tired?
He is happy.	He is not happy.	Is he happy?
She is bored.	She is not bored.	Is she bored?
It is hungry.	It is not hungry.	Is it hungry?
We are there.	We are not there.	Are we there?
They are fat.	They are not fat.	Are they fat?

En la siguiente tabla se pueden ver las contracciones correspondientes a las formas afirmativa y negativa.

Observe que no hay contracción de **am not:**

afirmación	*negación*
I'm clean.	I am not clean.
You're tired.	You aren't tired.
He's happy.	He isn't happy.
She's bored.	She isn't bored.
It's hungry.	It isn't hungry.
We're there.	We aren't there.
They're fat.	They aren't fat.

⇨ Usos

Podemos utilizar el verbo **to be,** entre muchas otras cosas, para describir características y condiciones físicas o para hacer referencia a la edad biológica:

She's very intelligent.
Ella es muy inteligente.

He's plump.
Es regordete.

They're hungry.
Tienen hambre.

He's thirsty.
Tiene sed.

I'm 45.
Tengo 45 años.

Presente simple

⇨ Formación

La gran mayoría de los verbos en presente simple sigue las mismas reglas de formación:

- En la forma afirmativa lo más destacable es que la 3ª persona del singular **(he, she, it)** lleva la terminación **–s.**
- En la forma negativa añadimos **does not** a la 3ª persona del singular **(he, she, it)** y suprimimos la **–s** del verbo principal. Las demás personas llevan **do not.**
- En la forma interrogativa situamos **do** o **does** al principio de la frase. En la 3ª persona suprimimos la **–s** del verbo principal, porque ya la hemos añadido al verbo auxiliar.

afirmación	*negación*	*interrogación*
I play.	I do not play.	Do I play?
You play.	You do not play.	Do you play?
He play**s.**	He **does** not play.	**Does** he play?
She plays.	She **does** not play.	**Does** she play?
It play**s.**	It **does** not play.	**Does** it play?
We play.	We do not play.	Do we play?
They play.	They do not play.	Do they play?

⇨ Ortografía

- En la 3ª persona del singular añadimos **–s.**
- A los verbos que terminan en **o**, **ss**, **ch**, **sh**, **x** y **z** añadimos **–es:**

go	go**es**
pass	pass**es**
watch	watch**es**
push	push**es**
fix	fix**es**

- Cuando la raíz termina en consonante + **–y**, la **–y** se convierte en **–ies:**

try	tr**ies**
reply	repl**ies**

- Cuando la raíz termina en vocal + **–y**, añadimos **–s:**

play	play**s**
enjoy	enjoy**s**

- Las contracciones correspondientes a la forma negativa:

I don't play.
You don't play.
He doesn't play.
She doesn't play.
It doesn't play.
We don't play.
They don't play.

⇨ Usos

En general, podemos utilizar el presente simple para describir acciones habituales:

She reads the newspaper every morning.
Lee el periódico cada mañana.

They get up late.
Se levantan tarde.

para hacer referencia a una verdad universal:

The human body is made up of some very complex organs.
El cuerpo humano se compone de órganos muy complejos.

Milk goes off if you leave it out of the fridge.
La leche se estropea si se deja fuera de la nevera.

o para expresar gusto, disgusto, deseo u opiniones:

She loves playing football.
A ella le encanta jugar al fútbol.

He thinks he's the best.
Él se cree el mejor.

Se puede emplear el presente simple con adverbios de frecuencia:

I <u>never</u> believe him.
Nunca le creo.

We <u>always</u> eat out on Friday night.
Los viernes siempre cenamos fuera.

⇨ Usos especiales del presente simple

El presente simple se utiliza para hacer comentarios sobre un acontecimiento, especialmente si es un acontecimiento deportivo:

Jenny takes the ball from James, she runs up the centre and, yes, GOAL!
Jenny le quita la pelota a James, corre por el centro y, sí, ¡GOL!

Además, se emplea en las instrucciones sobre el modo de empleo, en recetas de cocina:

You take half a kilo of minced meat, fry it, then add some garlic and...
Se fríe medio kilo de carne picada; luego se añade ajo y...

o cuando queremos contar anécdotas, historias o chistes:

A man goes into a bar, walks up to the barman and says...
Un hombre entra en un bar, se acerca al camarero y dice...

Finalmente, podemos emplear el presente simple para hablar de hechos o acontecimientos futuros programados o de horarios preestablecidos:

The concert starts at 6 pm.
El concierto empieza a las 6 de la tarde.

The train leaves at five o'clock.
El tren sale a las cinco.

The centre opens next year.
El centro abre el año que viene.

o para referirnos al futuro cuando utilizamos alguna de las siguientes palabras: **when, if, as soon as, after, until:**

I will stay here until he arrives.
Me quedaré aquí hasta que llegue.

She'll give it to you when she finishes.
Te lo dará cuando termine.

They'll tell us as soon as they know.
Nos lo contarán en cuanto se enteren.

LOS VERBOS *TO HAVE* Y *HAVE GOT*

En algunos casos estos dos verbos tienen el mismo significado y son intercambiables. Sin embargo, el verbo **to have** tiene otros muchos usos que veremos a continuación.

⇨ *Have got*

En la siguiente tabla vemos cómo en la forma negativa añadimos **not** después de **have/has,** mientras en la forma interrogativa es **have/has** lo que se sitúa al principio de la frase.

afirmación	*negación*	*interrogación*
I have got a tortoise.	I have not got a tortoise.	Have I got a tortoise?
You have got a pen.	You have not got a pen.	Have you got a pen?
He has got some flowers.	He has not got any flowers.	Has he got any flowers?
She has got a motorbike.	She has not got a motorbike.	Has she got a motorbike?
It has got beautiful eyes.	It has not got beautiful eyes.	Has it got beautiful eyes?
We have got two toilets.	We have not got two toilets.	Have we got two toilets?
They have got a monkey.	They have not got a monkey.	Have they got a monkey?

A continuación, las contracciones de las formas afirmativas y negativas:

afirmación	*negación*
I've got a tortoise.	I haven't got a tortoise.
You've got a pen.	You haven't got a pen.
He's got some flowers.	He hasn't got any flowers.
She's got a motorbike.	She hasn't got a motorbike.
It's got beautiful eyes.	It hasn't got beautiful eyes.
We've got two toilets.	We haven't got two toilets.
They've got a monkey.	They haven't got a monkey.

⇨ *To have*

Con este verbo, en cambio, la forma negativa precisa el uso del verbo auxiliar **do/does + not,** que anteponemos al verbo **to have.**

En la forma interrogativa colocamos **do/does** al principio de la frase.

afirmación	*negación*	*interrogación*
I have a tortoise	I do not have a tortoise.	Do I have a tortoise?
You have a pen.	You do not have a pen.	Do you have a pen?
He has some flowers.	He does not have any flowers.	Does he have any flowers?
She has a motorbike.	She does not have a motorbike.	Does she have a motorbike?
It has beautiful eyes.	It does not have beautiful eyes.	Does it have beautiful eyes?
We have two toilets.	We do not have two toilets.	Do we have two toilets?
They have a monkey.	They do not have a monkey.	Do they have a monkey?

⇨ Usos de los verbos *have got* y *to have*

Podemos utilizar los verbos **to have** o **have got** cuando deseamos hacer referencia a la posesión, relación o enfermedad. En esos casos, el significado de **to have** y **have got** es intercambiable. Sin embargo, en el inglés británico, a diferencia del inglés americano, se prefiere utilizar **have got,** especialmente en el lenguaje hablado.

Have got	***Have***
I have got a car. *Tengo un coche.*	**I have a car.**
Have you got any brothers or sisters? *¿Tienes hermanos?*	**Do you have any brothers or sisters?**
They have got a stomach ache. *Les duele el estómago.*	**They have a stomach ache.**
She has got green eyes. *Tiene los ojos verdes.*	**She has green eyes.**

En el pasado no podemos emplear **have got.** Es decir, el pasado de **have got** es **had/didn't have** y **had got** sería incorrecto:

presente	*pasado*
She has got a new boyfriend. *Tiene un nuevo novio.*	**She had a new boyfriend.** *Tenía un nuevo novio.*
He hasn't got any money left. *No le queda dinero.*	**He didn't have any money left.** *No le quedaba dinero.*

Empleamos el verbo **to have,** y no el verbo **have got,** cuando queremos comentar actividades o experiencias. Existen muchas expresiones que se forman con el verbo **to have.** A continuación se incluyen algunas:

to have dinner	*cenar*
to have a fight	*pelear*
to have a good time	*pasarlo bien*
to have a look	*echar un vistazo*
to have lunch	*comer*

to have a shower *ducharse*
to have a swim *bañarse*
to have a talk *charlar*

I am having a shower.
Estoy duchándome.

What time are you having lunch?
¿A qué hora vas a comer?

Do you want to have a look?
¿Quieres echar un vistazo?

También utilizamos **to have** como verbo auxiliar:

I have eaten.
He comido.

They have gone.
Se han ido.

PRESENTE CONTINUO

⇨ Formación

- Formamos el presente continuo con el auxiliar **to be** y un verbo en la forma **–ing.**
- En la forma negativa añadimos **not** después del auxiliar **to be.**
- En la forma interrogativa situamos el auxiliar **to be** al principio de la frase.

afirmación	*negación*	*interrogación*
I am running	I am not running.	Am I running?
You are running.	You are not running.	Are you running?
He is running.	He is not running.	Is he running ?
She is running.	She is not running.	Is she running?
It is running.	It is not running.	Is it running?
We are running.	We are not running.	Are we running?
They are running.	They are not running.	Are they running?

⇨ Ortografía

- Habitualmente añadimos la terminación **–ing** a la raíz del verbo:

play play**ing**

- Cuando la raíz termina en consonante + **–e,** la **–e** se sustituye por **–ing:**

love lov**ing**

- Cuando la raíz termina en **–ie,** la terminación pasa a ser **–ying:**

die d**ying**

- Cuando la raíz tiene una vocal seguida de una sola consonante, duplicamos la consonante:

  rob ro**bbing**

- Cuando la raíz tiene más de una sílaba y se acentúa la última, duplicamos la consonante final:

  refer refe**rring**
  begin begi**nning**

- Aunque el verbo **to travel** no tiene la última sílaba acentuada, en el inglés británico la **l** se duplica:

  travel trave**lling**

  En el inglés americano se escribe trave**ling.**

⇨ Usos

Utilizamos la forma continua, tanto en presente como en pasado, cuando percibimos una acción o estado como algo transitorio que tiene lugar a lo largo de un periodo de tiempo limitado.

En concreto, podemos emplear el presente continuo para describir una acción que se está desarrollando en el momento preciso en que se pronuncia la frase:

It's raining.
Está lloviendo.

I'm having a bath.
Me estoy bañando.

The phone is ringing.
Suena el teléfono.

o para comentar cambios o tendencias que se están produciendo en el momento actual:

The price of food is rising.
El precio de la comida está subiendo.

He's going bald.
Se está quedando calvo.

He's cleaning his room much more regularly these days.
Últimamente limpia su habitación con mucha más frecuencia.

The quality of your cooking is definitely improving.
La calidad de tus guisos está mejorando definitivamente.

Con verbos que describen acciones habitualmente repentinas, el uso del presente continuo sugiere que la acción se repite varias veces:

I am jumping.
Estoy saltando.

She is hitting her brother.
Está pegando a su hermano.

Además, podemos utilizar el presente continuo para expresar la intención de hacer algo en el futuro. En estos casos es preciso utilizar una expresión de tiempo para dejar claro que se trata de una acción futura:

I'm playing golf with Jim on Friday.
Juego al golf con Jim el viernes.

We're having a fancy dress party next Wednesday.
Hacemos una fiesta de disfraces el miércoles que viene.

They're arriving on Tuesday.
Llegan el martes.

We're coming next week.
Venimos la semana que viene.

EL PRESENTE CONTINUO Y EL PRESENTE SIMPLE — COMPARACIÓN

El uso del presente continuo es mucho más frecuente en inglés que en español. Hay muchos casos en que el español prefiere el presente simple y el inglés, en cambio, prefiere el presente continuo:

A: What are you doing?
¿Qué haces?

B: I am working on my thesis.
Trabajo en mi tesis.

En general, podemos utilizar el presente simple para hacer comentarios sobre estados o acciones habituales, y el presente continuo para describir una acción o estado temporal. Observe las frases siguientes:

You are stupid.
Eres tonto. (presente simple: describe el carácter de una persona)

You are being stupid.
Te estás comportando de una manera estúpida. (presente continuo: describe el comportamiento ocasional)

Ahora, observe estas dos frases:

I usually sleep in the bedroom.
Suelo dormir en la habitación. (presente simple: una acción habitual)

I am sleeping on the sofa at the moment.
Duermo en el sofá de momento. (presente continuo: una situación temporal)

➩ ***Stative verbs***

En inglés existe un numeroso grupo de verbos que no se suelen emplear en la forma continua. La mayoría de ellos está relacionada con el pensamiento y con diferentes formas de análisis del mundo real. A continuación, observe algunos de los más comunes:

to adore	*adorar*
to believe	*creer*
to desire	*desear*
to detest	*detestar*
to doubt	*dudar*
to envy	*envidiar*
to guess	*adivinar*
to hate	*odiar*
to have, have got	*tener, poseer*
to imagine	*imaginar*
to know	*saber, conocer*
to like	*gustar*
to love	*amar*
to please	*agradecer*
to prefer	*preferir*
to recognize	*reconocer*
to remember	*recordar*
to see	*ver*
to suppose	*suponer*
to taste	*saber (sentido del gusto)*
to think	*creer*
to wish	*desear*

Llamamos a estos verbos **stative verbs,** porque describen un estado u opinión, y los utilizamos en la forma simple:

He adores his wife.
Adora a su mujer.

She wishes he would go.
Desea que se vaya.

They remember the story.
Recuerdan la historia.

Sin embargo, conviene ser cauteloso con el uso de estos verbos, ya que algunos pueden tener dos significados. Por ejemplo, el verbo **to taste** puede traducirse como *probar* o *saber.* Cuando significa *probar,* podemos utilizarlo en la forma continua, pero cuando significa *saber,* lo utilizamos en la forma simple:

The steak tastes lovely.
El filete tiene un sabor excelente. (presente simple: una opinión)

I am tasting the sauce.
Estoy probando la salsa. (presente continuo: una acción en curso)

Lo mismo ocurre con el verbo **to think,** que puede traducirse como *creer* o *pensar:*

I think you are wonderful.
Creo que eres maravilloso. (presente simple: una opinión)

I am thinking.
Estoy pensando. (presente continuo: una acción en curso)

o con el verbo **to see,** *ver* o *quedar:*

I can see the stars from my window.
Veo las estrellas desde mi ventana.

I am seeing him tomorrow.
He quedado con él mañana.

En cuanto a los verbos **to have** y **have got,** cuando expresan posesión, etc., aparecen en la forma simple. Sin embargo, si utilizamos **to have** para describir una actividad, podemos emplear la forma continua:

I have lots of money./I have got lots of money.
Tengo mucho dinero. (presente simple: posesión)

I am having breakfast.
Estoy desayunando. (presente continuo: una acción en curso)

PASADO

⇨ Formación

Formamos el pasado simple de los verbos regulares al añadir **-ed** a la raíz del verbo:

play	play**ed**
work	work**ed**

⇨ Ortografía

- Cuando la raíz termina en **–e** solo añadimos **–d:**

love	love**d**

- Cuando la raíz tiene una vocal seguida de una sola consonante, ésta se duplica:

rob	ro**bbed**
fit	**fitted**

Sin embargo, hay numerosos verbos de uso muy frecuente que se forman de manera irregular. (Véase *Lista de verbos irregulares)*

En la forma negativa e interrogativa de todos los verbos en pasado, ya sean regulares o irregulares, utilizamos el auxiliar **did.** La formación de la afirmación, negación e interrogación es igual para todas las personas, tanto en singular como en plural. Recuerde que la contracción de **did not** es **didn't.**

PASADO SIMPLE

afirmación	*negación*	*interrogación*
I played.	I did not play.	Did I play?
You played.	You did not play.	Did you play?
He played.	He did not play.	Did he play?
She played.	She did not play.	Did she play?
It played.	It did not play.	Did it play?
We played.	We did not play.	Did we play?
They played.	They did not play.	Did they play?

⇨ Usos

Utilizamos el pasado simple para describir una acción que consideramos cumplida, acabada y remota. No importa cuándo ocurrió, hace dos segundos o tres mil años, ya que la percibimos como totalmente terminada:

She spent six years working on a cruiseliner.
Pasó seis años trabajando en un crucero.

We took hundreds of photographs.
Sacamos cientos de fotografías.

Podemos precisar cuándo ocurrió algo en el pasado mediante una expresión de tiempo:

I met her <u>three days ago</u>.
La conocí hace tres días.

She didn't talk to me <u>yesterday</u>.
No me habló ayer.

El pasado simple también hace referencia a acciones pasadas muy repetitivas y habituales:

We went for a walk on the weekends when I was a child.
Íbamos a pasear los fines de semana cuando era niño.

I saw the psychiatrist every Thursday.
Iba al psiquiatra los jueves.

Si queremos expresar una acción habitual en el pasado de la vida de una persona, también podemos utilizar **used to:**

They used to smoke many years ago.
Hace muchos años fumaban.

➩ El pasado del verbo *to be*

- La forma de pasado del verbo **to be** es **was/were.**
- La contracción de **was not** es **wasn't.**
- La contracción de **were not** es **weren't.**

afirmación	*negación*	*interrogación*
I was happy.	I was not happy.	Was I happy?
You were happy.	You were not happy.	Were you happy?
He was happy.	He was not happy.	Was he happy?
She was happy.	She was not happy.	Was she happy?
It was happy.	It was not happy.	Was it happy?
We were happy.	We were not happy.	Were we happy?
They were happy.	They were not happy.	Were they happy?

El pasado del verbo **to be** describe características o estados en el pasado:

I was really excited about the football match.
Me emocionaba mucho el partido de fútbol.

Were you at home last night?
¿Estabas en casa anoche?

They were disappointed with the result.
Les decepcionó el resultado.

y puede desempeñar el papel de un auxiliar en el pasado continuo.

PASADO CONTINUO

➩ Formación

El pasado continuo es el resultado de combinar el pasado del verbo **to be** y un verbo en la forma **–ing.**

afirmación	*negación*	*interrogación*
I was running.	I was not running.	Was I running?
You were running.	You were not running.	Were you running?
He was running.	He was not running.	Was he running?
She was running.	She was not running.	Was she running?
It was running.	It was not running.	Was it running?
We were running.	We were not running.	Were we running?
They were running.	They were not running.	Were they running?

➩ Usos

Las formas continuas describen acciones que están en curso y que tienen lugar en un periodo de tiempo limitado. (véase *Presente continuo*)

El pasado continuo expresa lo que estábamos haciendo en un momento determinado:

I was playing hide and seek in the rain yesterday at 6.30.
Ayer a las 6.30 estaba jugando al escondite bajo la lluvia.

I was working in Brazil last week.
La semana pasada estaba trabajando en Brasil.

They were working in the garage last night.
Anoche estaban trabajando en el garaje.

También puede haber dos acciones simultáneas en el pasado continuo:

I <u>was watching</u> the television while my sister <u>was playing</u> the drums.
Estaba viendo la tele mientras mi hermana tocaba la batería.

EL PASADO SIMPLE Y EL PASADO CONTINUO — COMPARACIÓN

Cuando contamos historias o anécdotas podemos utilizar el pasado continuo como telón de fondo y el pasado simple para describir sobre ese marco acciones concretas:

We <u>were driving</u> around the safari park when suddenly a rhinoceros <u>appeared</u> and <u>charged</u> towards us.
Conducíamos por la reserva cuando, de repente, apareció un rinoceronte y arremetió contra nosotros.

Cuando utilizamos el pasado continuo y el pasado simple juntos, transmitimos la sensación de que el pasado simple interrumpe una acción que se estaba desarrollando en un momento determinado. Podemos comprobar este efecto comparando estas dos frases:

I was opening the door when the phone rang.
Estaba abriendo la puerta cuando sonó el teléfono. (la acción de abrir la puerta quedó interrumpida por la llamada telefónica)

The phone was ringing when suddenly my friend arrived.
El teléfono sonaba cuando mi amigo llegó repentinamente. (cuando apareció mi amigo, el teléfono ya estaba sonando)

El uso de varios verbos en el pasado simple conlleva la idea de acciones sucesivas. Compare estas dos frases:

When I got home, Bill was cooking the dinner.
Cuando llegué a casa, Bill estaba preparando la cena. (cuando el hablante llegó, Bill ya estaba preparando la cena)

When I got home, Bill cooked the dinner.
Cuando llegué, Bill preparó la cena. (Bill empezó a preparar la cena una vez que el hablante había llegado a casa)

Otro ejemplo:

When I left, she was playing the violin.
Cuando me fui, ella estaba tocando el violín.

When I left, she played the violin.
Cuando me fui, ella empezó a tocar el violín.

PRESENTE PERFECTO

⇨ Formación

Formamos el presente perfecto con el auxiliar **have** y un participio. Al igual que el pasado de un verbo regular, los participios de los verbos regulares se forman al añadir **–ed** a la raíz del verbo:

play play**ed**

Sin embargo, hay muchos verbos irregulares que varían su forma cuando se convierten en participios. (Véase *Lista de verbos irregulares)*

En la negación añadimos **not** después del auxiliar **have,** y en la interrogación el auxiliar **have** se sitúa al principio de la frase:

afirmación	*negación*	*interrogación*
I have played.	I have not played.	Have I played?
You have played.	You have not played.	Have you played?
He has played.	He has not played.	Has he played?
She has played.	She has not played.	Has she played?
It has played.	It has not played.	Has it played?
We have played.	We have not played.	Have we played?
They have played.	They have not played.	Have they played?

Es posible contraer tanto la forma afirmativa como la negativa:

afirmación	*negación*
I've played.	I haven't played.
You've played.	You haven't played.
He's played.	He hasn't played.
She's played.	She hasn't played.
It's played.	It hasn't played.
We've played.	We haven't played.
They've played.	They haven't played.

⇨ Usos

Utilizamos el presente perfecto cuando queremos describir una acción pasada que guarda relación con el presente. No importa cuánto tiempo haya transcurrido desde que ocurrió la acción en el pasado, siempre que sus efectos recaigan sobre el momento actual:

The car has broken down again.
El coche se ha estropeado otra vez. (y, en consecuencia, tendremos que coger el autobús)

I have eaten too much cake.
He comido demasiada tarta. (y, en consecuencia, ya no puedo comer más).

I have broken my arm.
Me he roto el brazo. (y por eso no puedo, por ejemplo, jugar al tenis)

People <u>have always grown</u> olives; not much <u>has changed</u> for hundreds of years.
El cultivo de olivo es muy antiguo; es algo que apenas ha cambiado en cientos de años.

Thousands of people <u>have read</u> books by Dickens, and his books are still very popular.
Miles de personas han leído los libros de Dickens y sus libros son todavía muy populares.

A menudo empleamos el presente perfecto con periodos de tiempo imprecisos, cuyo alcance llega hasta el momento presente, tales como **this year, this afternoon, this month, this century, this morning** y **recently:**

I haven't done anything this morning.
No he hecho nada esta mañana.

She's studied a lot this year.
Ha estudiado mucho este año.

I've slept too much this afternoon.
He dormido demasiado esta tarde.

He's been really moody recently.
Recientemente está de muy mal humor.

Utilizamos **just** y el presente perfecto para hablar de una acción recién terminada:

I have just opened a bottle of wine.
Acabo de abrir una botella de vino.

They've just arrived.
Acaban de llegar.

También empleamos el presente perfecto con los siguientes adverbios: **already, yet** y **still:**

- Podemos emplear **already** en frases afirmativas, situándolo entre el auxiliar **have** y el participio:

I have already spent my pocket money.
Ya me he gastado la paga semanal.

- **Yet** aparece en las frases negativas e interrogativas, y se sitúa al final de la frase:

 I haven't taken the dog for a walk yet.
 Todavía no he sacado al perro a pasear.

 Has she gone yet?
 ¿Se ha ido ya?

- Utilizamos **still** en frases negativas y lo situamos delante del auxiliar **have:**

 He still hasn't finished reading the book.
 Todavía no ha terminado de leer el libro.

⇨ ***For* y *since***

El presente perfecto también puede precisar cuánto tiempo lleva desarrollándose una acción que empezó en algún momento en el pasado y que ha continuado hasta el momento actual:

I have lived in this house for eight years.
Vivo en esta casa desde hace ocho años.

He has had that watch for twenty years.
Hace veinte años que tiene ese reloj.

En este caso, podemos emplear las palabras **for** y **since,** si bien el uso de una u otra no es indistinto. **For** hace referencia a un periodo de tiempo. En cambio, **since** precisa un momento determinado, frecuentemente un punto de inicio:

for three years	*durante tres años*
for ten minutes	*durante diez minutos*
for a month	*durante un mes*
for six days	*durante seis días*
since last year	*desde el año pasado*
since last week	*desde la semana pasada*
since ten days ago	*desde hace diez días*
since last Monday	*desde el lunes pasado*

I have known her for six years.
La conozco desde hace seis años.

They've had their car for nine years.
Hace nueve años que tienen el coche.

I have known her since 1993.
La conozco desde el año 1993.

I haven't had a drink since last week.
No bebo desde la semana pasada.

EL PRESENTE PERFECTO Y EL PASADO SIMPLE — COMPARACIÓN

A veces el uso del presente perfecto o del pasado simple depende únicamente de cómo percibimos la situación:

I have broken my leg.
Me he roto la pierna. (presente perfecto: el hablante quiere hacer hincapié en que los efectos de la acción pasada recaen todavía sobre el presente)

I broke my leg last week.
Me rompí la pierna la semana pasada. (pasado simple: el hablante ve la acción como acabada y remota)

En general, utilizamos el presente perfecto para referirnos a algo ocurrido en el pasado sin precisar exactamente cuándo:

She has set up a new business.
Ha montado un nuevo negocio.

The baby has started to walk.
El niño ha empezado a andar.

Sin embargo, si queremos especificar cuándo tuvo lugar un suceso, utilizaremos el pasado simple:

She set up her business in March.
Montó el negocio en marzo.

The baby started to walk three days ago.
El niño empezó a andar hace tres días.

También existe una diferencia entre los dos tiempos a la hora de precisar cuánto tiempo lleva desarollándose una acción. Compare estas dos frases:

I have lived in Paris for two months.
Vivo en París desde hace dos meses. (y todavía vivo en París)

I lived in Los Angeles for ten months.
Viví en Los Angeles durante diez meses. (ya no vivo en Los Ángeles)

Muchas veces utilizamos el presente perfecto a modo de introducción:

I've had a very exciting day.
He tenido un día muy emocionante.

y el pasado simple en la enumeración de acontecimientos sucesivos:

Well, I <u>was</u> in the street when I <u>saw</u> a lottery ticket. I <u>picked</u> it up, <u>handed</u> it in and...
Bueno, estaba en la calle cuando vi un décimo de lotería. Lo cogí, lo entregué y...

Presente perfecto continuo

⇨ Formación

Formamos el presente perfecto continuo mediante **have/has been** y el verbo en la forma **–ing.**

afirmación	*negación*	*interrogación*
I have been playing.	I have not been playing.	Have I been playing?
You have been playing.	You have not been playing.	Have you been playing?
He has been playing.	He has not been playing.	Has he been playing?
She has been playing.	She has not been playing.	Has she been playing?
It has been playing.	It has not been playing.	Has it been playing?
We have been playing.	We have not been playing.	Have we been playing?
They have been playing.	They have not been playing.	Have they been playing?

⇨ Usos

Empleamos el presente perfecto continuo cuando queremos describir una acción que guarda una estrecha relación con el presente y deseamos resaltar que la acción ha sido temporal o aún no ha terminado:

She has been working.
Ha estado trabajando.

They have been drawing.
Han estado dibujando.

We have been fighting.
Hemos estado peleando.

El presente perfecto continuo hace hincapié en la duración de una acción, que podemos precisar añadiendo una expresión de tiempo:

I have been eating chocolate <u>all day</u>.
Llevo todo el día comiendo chocolate./He estado comiendo chocolate todo el día.

He's been laughing <u>for half an hour</u>.
Se está riendo desde hace media hora./Lleva media hora riéndose.

El presente perfecto y el presente perfecto continuo — comparación

Muchas veces el uso del presente perfecto o del presente perfecto continuo no cambia sustancialmente el significado de la frase. El uso del presente perfecto continuo es simplemente una cuestión de estilo, y si lo empleamos es para resaltar la continuidad y temporalidad de una acción:

They have learnt Japanese for two months.
Hace dos meses que estudian japonés. (presente perfecto simple)

They have been learning Japanese for two months.
Llevan dos meses aprendiendo japonés. (presente perfecto continuo)

Sin embargo, en ocasiones el uso del presente perfecto continuo o bien del presente perfecto simple cambia ligeramente el significado de la frase. El presente perfecto simple conlleva la idea de una acción completa y acabada, mientras el presente perfecto continuo describe una acción que no se ha terminado aún. Compare estas dos frases:

I have been eating her sweets.
He estado comiendo sus caramelos. (todavía quedan algunos)

I have eaten her sweets.
Me he comido sus caramelos. (ya no queda ninguno)

Otro ejemplo:

She has been painting the room.
Ha estado pintando la habitación. (todavía no ha terminado el trabajo)

She has painted the room.
Ha pintado/pintó la habitación. (ya ha terminado el trabajo)

Finalmente, el presente perfecto simple nos dice cuántas veces ha ocurrido algo:

I've rung her five times but there is no answer.
La he llamado cinco veces, pero no contesta.

He's tried to pass his driving test four times.
Ha intentado aprobar el examen de conducir cuatro veces.

En cambio, el presente perfecto continuo hace referencia a una acción sin precisar cuántas veces se ha repetido ésta:

I've been ringing her but there is no answer.
La he estado llamando, pero no contesta.

He's been trying to pass his driving test.
Ha estado intentando aprobar el examen de conducir.

PASADO PERFECTO

⇨ Formación

El pasado perfecto se forma mediante el auxiliar **had** y un participio pasado. Al igual que el pasado de un verbo regular, construimos los participios de los verbos regulares añadiendo **–ed** a la raíz del verbo:

play play**ed**

Sin embargo, hay muchos verbos irregulares que varían su forma cuando se convierten en participios. (Véase *Lista de verbos irregulares)*

En la negación añadimos **not** después del auxiliar **had,** y en la interrogación situamos el auxiliar **had** al principio de la frase:

afirmación	*negación*	*interrogación*
I had played.	I had not played.	Had I played?
You had played.	You had not played.	Had you played?
He had played.	He had not played.	Had he played?
She had played.	She had not played.	Had she played?
It had played.	It had not played.	Had it played?
We had played.	We had not played.	Had we played?
They had played.	They had not played.	Had they played?

Es posible contraer tanto la forma afirmativa como la negativa:

afirmación	*negación*
I'd played.	I hadn't played.
You'd played.	You hadn't played.
He'd played.	He hadn't played.
She'd played.	She hadn't played.
It'd played.	It hadn't played.
We'd played.	We hadn't played.
They'd played.	They hadn't played.

⇨ Usos

El pasado perfecto nos permite expresar una acción pasada en relación con otra acción también pasada y además anterior a ella en el tiempo:

When Mike arrived home Charley had already done the washing up.
Cuando Mike llegó a casa, Charley ya había fregado los platos. (Charley fregó los platos antes de que llegara Mike)

The hamster had escaped while we were out.
El hámster se había escapado mientras estábamos fuera. (el hámster se escapó antes de que volviéramos)

Podemos utilizar el pasado perfecto en el estilo indirecto con verbos tales como **to tell** *(decir)*, **to explain** *(explicar)*, **to wonder** *(preguntarse)*:

She told us that she had only slept for two hours.
Nos dijo que había dormido solamente dos horas.

He wondered who had sent him the flowers.
Se preguntaba quién le había enviado las flores.

EL PASADO SIMPLE Y EL PASADO PERFECTO — COMPARACIÓN

A menudo el uso del pasado perfecto o del pasado simple es indistinto:

I went to check my e-mail after they had left.
Cuando salieron, fui a mirar mi correo electrónico.

I went to check my e-mail after they left.
Fui a mirar mi correo después de que salieran.

Sin embargo, a veces puede cambiar el significado de la frase:

When Sally arrived he had left the room.
Cuando Sally llegó, él ya había salido de la habitación. (cuando Sally llegó, él ya no estaba en el cuarto)

When Sally arrived he left the room.
Cuando Sally llegó, él salió de la habitación. (se fue en el mismo instante en que llegó Sally)

El uso de varios verbos en el pasado simple conlleva la idea de acciones sucesivas:

He tidied his room and then went to bed at twelve thirty.
Arregló su cuarto y luego se fue a la cama a las doce y media.

She arrived at three o'clock and was given a number.
Llegó a las tres en punto y le dieron un número.

En cambio, el pasado perfecto indica que una acción ha ocurrido con anterioridad a otra:

He went to bed at twelve thirty. He <u>had already tidied</u> his room.
Se fue a la cama a las doce y media. Ya había arreglado su cuarto.

She arrived at three o'clock. She <u>had already been given</u> a number.
Llegó a las tres en punto. Ya tenía el número.

Además, podemos emplear el pasado perfecto para referirnos a sueños o ilusiones no realizadas:

I had hoped to finish it by that night but it was impossible.
Esperaba terminarlo aquella noche pero fue imposible.

She had intended to take him out to dinner but she was too busy.
Pensaba invitarle a cenar, pero tenía demasiado trabajo.

Después de **wish** y de **if only,** utilizamos el pasado perfecto para referirnos a una acción NO realizada en el pasado:

I wish I had kissed him.
Ojalá le hubiera besado.

If only she had told me before.
¡Si me lo hubiera dicho antes!

PASADO PERFECTO CONTINUO

➩ Formación

Formamos el pasado perfecto continuo con **had been** y un verbo terminado en **–ing:**

<u>*afirmación*</u>	<u>*negación*</u>	<u>*interrogación*</u>
I had been playing.	I had not been playing.	Had I been playing?
You had been playing.	You had not been playing.	Had you been playing?
He had been playing.	He had not been playing.	Had he been playing?
She had been playing.	She had not been playing.	Had she been playing?
It had been playing.	It had not been playing.	Had it been playing?
We had been playing.	We had not been playing.	Had we been playing?
They had been playing.	They had not been playing.	Had they been playing?

⇨ **Usos**

Empleamos el pasado perfecto continuo para referirnos a una acción que estaba desarrollándose ya antes de que comenzara una segunda acción:

I <u>had been trying</u> to fix the television when it suddenly exploded.
Estaba intentando arreglar la televisión cuando de repente explotó.

She <u>had been waiting</u> for forty minutes when the bus finally came.
Llevaba esperando cuarenta minutos cuando por fin llegó el autobús.

Muchas veces podemos utilizar el pasado perfecto simple o el pasado perfecto continuo sin que haya diferencia en el significado:

She was tired because she <u>had worked</u> all night.
Estaba cansada porque había trabajado toda la noche.

She was tired because she <u>had been working</u> all night.
Estaba cansada porque llevaba toda la noche trabajando.

aunque, en otras ocasiones, ocurre lo contrario:

She had repaired the fridge.
Había reparado el frigorífico. (la acción está completamente terminada y el frigorífico funciona)

She had been repairing the fridge.
Había estado reparando el frigorífico. (se deduce que se ha invertido un tiempo en la reparación del frigorífico, pero no tenemos constancia de que el trabajo se haya terminado)

PASADO Y PRESENTE — RESUMEN

Cuando se estudia el pasado y el presente es importante tener en cuenta que hay dos factores que influyen en la elección de uno u otro: el tiempo y el aspecto.

1. El tiempo se refiere al presente o al pasado.
2. El aspecto del verbo viene determinado por la forma en que el hablante ve la acción. El aspecto puede ser simple, continuo o perfecto.

La elección entre pasado o presente viene determinada por factores objetivos y, por tanto, se trata de una elección clara. En cambio, decidir qué aspecto verbal utilizar depende más del hablante que de factores objetivos. A continuación, se analizan los tres aspectos verbales arriba mencionados.

⇨ El aspecto *simple*

Utilizamo el aspecto *simple* cuando vemos la acción en su conjunto como una unidad, como una acción completa o como un hecho indiscutible o comprobado:

The sun sets in the west.
El sol se pone por el oeste. (presente simple: hecho indiscutible)

I've seen that film.
He visto esa película. (presente perfecto simple: acción completa)

He has blond hair.
Tiene el pelo rubio. (presente simple: un hecho)

She's eaten my steak.
Se ha comido mi filete. (presente perfecto simple: acción completa)

It snowed everyday.
Nevó todos los días. (pasado simple: el conjunto de los días se percibe como una unidad completa)

She always went to work in a suit.
Siempre iba a trabajar con traje de chaqueta. (pasado simple: un hecho comprobado)

⇨ El aspecto *continuo*

Empleamos el aspecto *continuo* cuando vemos la acción como incompleta, inacabada, en curso o como una actividad temporal:

He's staying here for a bit.
Se quedará aquí un rato. (presente continuo: acción temporal)

She's been learning Russian.
Ha estado aprendiendo ruso. (presente perfecto continuo: acción no terminada, en progreso)

We were waiting for a bus when it started to rain.
Estábamos esperando el autobús cuando empezó a llover. (pasado continuo: acción en progreso que se ve interrumpida)

I've been drinking your wine.
He estado bebiendo tu vino. (presente perfecto continuo: acción incompleta, todavía queda algo de vino)

They had been waiting for half an hour.
Llevaban media hora esperando. (pasado perfecto continuo: acción en progreso, actividad temporal)

➩ **El aspecto *perfecto***

Utilizamos el aspecto *perfecto* cuando queremos referirnos a algo ocurrido con anterioridad a un punto determinado en el tiempo, ya sea en el presente, pasado o futuro:

1) Presente:

Have you ever been to Japan?
¿Has estado alguna vez en Japón?

2) Pasado:

When I arrived they had already cleared up.
Cuando llegué ya habían quitado las cosas. (antes de que yo llegara)

3) Futuro:

I'll have finished the play by September.
Habré terminado la obra antes de septiembre. (antes del próximo septiembre)

FUTURO

En esta sección vamos a analizar las siguientes maneras de expresar el futuro: **will** y **shall, going to,** el presente continuo y el presente simple.

WILL

➩ **Formación**

afirmación	*negación*	*interrogación*
I will play.	I will not play.	Will I play?
You will play.	You will not play.	Will you play?
He will play.	He will not play.	Will he play?
She will play.	She will not play.	Will she play?
It will play.	It will not play.	Will it play?
We will play.	We will not play.	Will we play?
They will play.	They will not play.	Will they play?

En la negación, **will not** se puede contraer en **won't,** y en la forma afirmativa la contracción de **will** es **–'ll:**

I'll play.
You'll play.
He'll play.
She'll play.
It'll play.
We'll play.
They'll play.

⇨ **Usos**

Utilizamos **will** cuando creemos con bastante seguridad que algo va a pasar en el futuro:

I think there will be robot doctors in the future.
Creo que habrá médicos robots en el futuro.

I don't think I'll have more than three children.
No creo que tenga más de tres hijos.

I expect he'll arrive at seven.
Supongo que llegará a las siete.

He doesn't believe it'll happen.
No cree que ocurra.

Además, podemos emplear **will** cuando tomamos la decisión de hacer algo en el momento de hablar:

I think I'll go and have a look.
Creo que echaré un vistazo.

I certainly won't do that again.
Con seguridad no volveré a hacerlo.

I'll help you.
Te ayudaré.

I'll get it for you.
Te lo cogeré.

FUTURO PERFECTO

⇨ **Formación**

Formamos el futuro perfecto con **will** + el auxiliar **have** y un participio. Los participios de los verbos regulares se forman al añadir **–ed** a la raíz del verbo.

Sin embargo, hay muchos verbos que varían su forma cuando se convierten en participios. (Véase *Lista de verbos irregulares*)

En la negación añadimos **not** después de **will,** y en la interrogación situamos el auxiliar **will** al principio de la frase:

afirmación	*negación*	*interrogación*
I will have played.	I will not have played.	Will I have have played?
You will have played.	You will not have played.	Will you have played?
He will have played.	He will not have played.	Will he have played?
She will have played.	She will not have played.	Will she have played?
It will have played.	It will not have played.	Will it have played?
We will have played.	We will not have played.	Will we have played?
They will have played.	They will not have played.	Will they have played?

En la negación, **will not** se puede contraer en **won't**, mientras en la forma afirmativa la contracción de **will** es **–'ll.**

⇨ Usos

Utilizamos el futuro perfecto cuando estamos convencidos de que algo habrá pasado antes de un momento determinado en el futuro:

They will have arrived by 8 p.m.
Habrán llegado antes de las ocho.

By the year 2003 I will have made a million dollars.
Antes del año 2003 habré ganado un millón de dólares.

She'll have had time to think it over by tomorrow.
Habrá tenido tiempo para reflexionar antes de mañana.

FUTURO PERFECTO CONTINUO

⇨ Formación

Formamos el futuro perfecto continuo con **will** + el auxiliar **have** + **been** + un verbo en **–ing:**

afirmación	*negación*	*interrogación*
I will have been playing.	I will not have been playing.	Will I have been playing?
You will have been playing.	You will not have been playing.	Will you have been playing?
He will have been playing.	He will not have been playing.	Will he have been playing?
She will have been playing.	She will not have been playing.	Will she have been playing?
It will have been playing.	It will not have been playing.	Will it have been playing?
We will have been playing.	We will not have been playing.	Will we have been playing?
They will have been playing.	They will not have been playing.	Will they have been playing?

⇨ Usos

El uso del futuro perfecto continuo es muy similar al uso del futuro perfecto. La diferencia reside en que empleamos la forma continua para hacer hincapié en la continuidad de la acción:

By the time the sun goes down they <u>will have been playing</u> football for over three hours.
Cuando se ponga el sol, hará más de tres horas que están jugando al fútbol.

By next year she <u>will have been living</u> here for twenty years.
El año próximo hará veinte años que vive aquí.

FUTURO CONTINUO

➩ Formación

Formamos el futuro continuo con **will** + **be** + un verbo **–ing:**

afirmación	*negación*	*interrogación*
I will be playing.	I will not be playing.	Will I be playing?
You will be playing.	You will not be playing.	Will you be playing?
He will be playing.	He will not be playing.	Will he be playing?
She will be playing.	She will not be playing.	Will she be playing?
It will be playing.	It will not be playing.	Will it be playing?
We will be playing.	We will not be playing.	Will we be playing?
They will be playing.	They will not be playing.	Will they be playing?

➩ Usos

Podemos utilizar el futuro continuo para comunicar lo que estará haciendo alguien en un momento determinado del futuro:

They will be working all next week.
Estarán trabajando la semana que viene.

She will be lying on the beach sipping Pina Colada by Friday.
Antes del viernes estará tumbada en la playa tomando piña colada.

She will be earning twice as much in two years time.
Dentro de dos años estará ganando el doble.

SHALL

En la negación podemos utilizar **shan't** en vez de **shall not.**

➩ Usos

Shall expresa la firme intención de hacer algo en el futuro. En estos casos podemos utilizar también **will,** pero si optamos por **shall** damos a entender una mayor voluntad de hacer algo:

We shall be leaving in ten minutes.
Nos iremos dentro de diez minutos.

I shall be going by train.
Iré en tren.

I shan't go.
No iré.

GOING TO

➩ Formación

El futuro con **going to** responde a la siguiente estructura:

verbo **to be** + **going to** + infinitivo:

afirmación	*negación*	*interrogación*
I am going to play.	I am not going to play.	Am I going to play?
You are going to play.	You are not going to play.	Are you going to play?
He is going to play.	He is not going to play.	Is he going to play?
She is going to play.	She is not going to play.	Is she going to play?
It is going to play.	It is not going to play.	Is it going to play?
We are going to play.	We are not going to play.	Are we going to play?
They are going to play.	They are not going to play.	Are they going to play?

➩ Usos

Lo usamos para:

- Expresar la intención de hacer algo en un momento determinado de un futuro próximo:

  I'm going to go for a walk.
  Me voy a pasear.

  I'm going to do the cleaning when I get home.
  Cuando vuelva a casa voy a hacer limpieza.

- Exponer planes futuros. En este caso se sobreentiende que el proyecto se va a llevar a cabo casi con toda seguridad y que está basado en una decisión tomada con antelación:

  We're going to spend our holidays in France.
  Vamos a pasar las vacaciones en Francia.

  She's going to study biology at university.
  Va a estudiar Biología en la universidad.

- Hacer predicciones basadas habitualmente en una evidencia que se puede percibir:

  There's not a cloud in sight, it's going to be hot today.
  No se ve ni una nube; hoy va a hacer calor.

  That child is going to fall if someone doesn't hold it.
  Ese niño se va a caer si alguien no lo sujeta.

WILL Y *GOING TO* — COMPARACIÓN

En muchos casos no hay mucha diferencia entre el uso de **will** o **going to,** porque las dos formas transmiten la misma información:

I think I'll get something to eat.
Creo que comeré algo.

I think I'm going to get something to eat.
Creo que voy a comer algo.

Sin embargo, utilizamos **will** cuando tomamos la decisión de hacer algo en el futuro en el momento de hablar, mientras **going to** expresa la intención de hacer algo en el futuro a partir de una decisión tomada con anterioridad. Compare estas frases:

A: It's David's birthday today. I'm going to get him a c.d.
Hoy es el cumpleaños de David. Le voy a regalar un compacto. (el hablante utiliza **going to** porque ya sabía que era el cumpleaños de David y ya había decidido comprarle un disco compacto)

B: Oh, really? I didn't know it was his birthday. I'll have to get him something.
¡Oh!, ¿de verdad? No sabía que era su cumpleaños. Tendré que comprarle algo. (el hablante utiliza **will** porque acaba de enterarse de que es el cumpleaños de David y comunica su intención de comprar algo, decisión que acaba de tomar en el momento de hablar)

Otro ejemplo:

I have bought some paint and I'm going to do up those walls next week.
He comprado la pintura y voy a pintar estas paredes. (el hablante comunica la intención previa de hacer algo en el futuro)

Look at those walls, I'll have to paint them soon.
Mira estas paredes, tendré que pintarlas dentro de poco. (el hablante toma una decisión en el momento de hablar)

El presente continuo y el futuro

El presente continuo, junto con una expresión de tiempo, indica la intención de hacer algo en el futuro:

She's coming on Thursday.
Viene el jueves.

I'm leaving tonight.
Salgo esta noche.

Asimismo, el presente continuo a menudo sugiere la existencia de planes futuros que hemos acordado previamente con terceras personas:

I'm selling my bike to Tom.
Vendo mi bicicleta a Tom. (Tom dijo que quiere comprármela)

She's eating out with David tonight.
Cena con David esta noche. (tiene una cita concertada con David)

Sarah's lending him the money.
Sarah le va a prestar el dinero. (Sarah ha decidido prestarle el dinero)

El presente simple y el futuro

Podemos utilizar el presente simple junto con una expresión de tiempo para hablar de acontecimientos programados y previstos. En efecto, se trata simplemente de dar a conocer un hecho:

The plane leaves at 5 a.m.
El avión sale a las cinco de la madrugada.

The elections are tomorrow.
Las elecciones son mañana.

The film starts at 6 pm.
La película empieza a las 6 de la tarde.

Además, empleamos el presente simple para referirnos al futuro con las siguientes palabras: **when, if, as soon as, after, until:**

I will stay here until he arrives.
Me quedaré aquí hasta que llegue.

She'll give it to you when she finishes.
Te lo dará cuando termine.

They'll tell us as soon as they know.
Nos lo contarán en cuanto se enteren.

VERBOS MODALES

UNA PERSPECTIVA GENERAL

Los verbos modales incluyen lo que podríamos llamar modales puros, es decir, **can, could, may, might, must, should, will, would** y los semi-modales **dare, need** y **ought to.**

Utilizamos los verbos modales para juzgar una situación basándonos en creencias, opiniones o actitudes. Los empleamos para indicar posibilidad, necesidad, habilidad, obligación y certeza; para hacer peticiones, ofertas y sugerencias; para dar permiso o instrucciones. Son, en definitiva, verbos muy útiles y de uso muy frecuente. Todos ellos tienen ciertas características comunes que consisten en:

- Las terceras personas del singular (**he, she, it**) no llevan una **–s** final, tal como ocurre con otros verbos en presente simple.
- Formamos la negación añadiendo **not** después del verbo modal.
- Construimos la interrogación situando el verbo modal al principio de la pregunta.
- No añadimos **to** antes de un verbo en infinitivo que sigue a un verbo modal. Por ejemplo, se dice **I can swim,** pero es incorrecto decir **I can to swim.**

CAN

afirmación	*negación*	*interrogación*
I can play.	I can not play.	Can I play?
You can play.	You can not play.	Can you play?
He can play.	He can not play.	Can he play?
She can play.	She can not play.	Can she play?
It can play.	It can not play.	Can it play?
We can play.	We can not play.	Can we play?
They can play.	They can not play.	Can they play?

La forma negativa **can not** admite dos grafías distintas: **can't** y **cannot.**

⇨ **Usos**

Can suele acompañar a los verbos de percepción sensorial tales como **to see** *(ver),* **to taste** *(saborear),* **to hear** *(oír),* **to smell** *(oler),* **to touch** *(tocar):*

I can see you.
Te veo.

I can smell something bad.
Algo huele mal.

I can hear the sound of barking.
Oigo ladridos.

Can puede hacer referencia a una habilidad o destreza:

I can stand on my head.
Sé hacer el pino.

He can't climb that tree.
No puede trepar a aquel árbol.

Asimismo, se puede emplear **can** para realizar una petición:

Can you get my bag down, please?
¿Me puedes bajar la bolsa, por favor?

o para ofrecer nuestra ayuda:

Can I help you?
¿Le puedo ayudar?

Can't be, a su vez, sugiere que tenemos <u>una certeza absoluta</u> de que un hecho o circunstancia <u>no</u> pueden ser verdaderos:

A: Who's making that noise?
A: ¿Quién está haciendo ese ruido?

B: It can't be Susan because she's been out all day.
B: No puede ser Susan, porque ha estado fuera todo el día.

También podemos emplear **can't have** y un participio cuando suponemos que algo <u>no</u> ha ocurrido en el pasado:

A: Who left all these plates here?
B: ¿Quién dejó todos estos platos aquí?

B: It can't have been Mark because he ate out last night.
B: No pudo haber sido Mark, porque anoche no cenó en casa.

Empleamos **will be able** + infinitivo para referirnos a posibilidades futuras (no se puede decir **will can**):

I <u>will be able</u> to take a two week holiday next year.
Podré coger dos semanas de vacaciones el año que viene.

She won't be able to come before 9 p.m.
No puede venir antes de las nueve.

COULD

afirmación	*negación*	*interrogación*
I could play.	I could not play.	Could I play?
You could play.	You could not play.	Could you play?
He could play.	He could not play.	Could he play?
She could play.	She could not play.	Could she play?
It could play.	It could not play.	Could it play?
We could play.	We could not play.	Could we play?
They could play.	They could not play.	Could they play?

La forma negativa del pasado admite dos grafías: **could not** o **couldn't.**

⇨ Usos

Podemos utilizar **could** para referirnos a habilidades pasadas o para acompañar a los verbos de percepción sensorial:

I could do a cartwheel when I was younger.
Podía dar volteretas cuando era más joven.

He couldn't swim until he was 14.
No sabía nadar hasta los 14 años.

I couldn't see anything.
No veía nada.

o para pedir algo, ya que **could** resulta más cortés que **can:**

Could you close the door, please?
¿Podrías cerrar la puerta, por favor?

Could you lend me some money, please?
¿Podrías prestarme algo de dinero, por favor?

También podemos emplear **could** para hacer una suposición:

A: Who's making all that noise upstairs?
A: ¿Quién está haciendo tanto ruido ahí arriba?

B: It could be the children, they've been fighting.
B: Podrían ser los niños, han estado peleándose.

o para hablar de posibilidades futuras:

I could come tonight.
Podría venir esta noche.

El uso de **couldn't be,** a su vez, implica que tenemos <u>una certeza absoluta</u> de que un hecho o circunstancia <u>no</u> pueden ser verdaderos:

A: Who's taken my walkman?
A: ¿Quién ha cogido mi walkman?

B: It couldn't be Susan because she's been out all day.
B: No puede ser Susan, porque ha estado fuera todo el día.

C: It couldn't be Pete because he's in America.
C: No pudo haber sido Pete, porque está en Estados Unidos.

Finalmente, podemos utilizar **could have** y un participio para decir que creemos que algo pudo haber ocurrido en el pasado, aunque lo cierto es que nunca llegó a ocurrir:

He could have been a famous musician, but he chose to be a lawyer.
Pudo haber sido un músico famoso, pero eligió ser abogado.

I could have asked for his autograph but I was too embarrased.
Le podía haber pedido un autógrafo pero me dio mucha vergüenza.

Cuando queremos expresar enfado, podemos utilizar estas expresiones:

You could have told me before.
¡Habérmelo dicho antes!

How could you do such a thing!
¡Cómo pudiste hacer una cosa así!

MAY

afirmación	*negación*	*interrogación*
I may play.	I may not play.	May I play?
You may play.	You may not play.	May you play?
He may play.	He may not play.	May he play?
She may play.	She may not play.	May she play?
It may play.	It may not play.	May it play?
We may play.	We may not play.	May we play?
They may play.	They may not play.	May they play?

⇨ Usos

Utilizamos **may** en los siguientes casos:

Para referirse a posibilidades futuras:

I may cut my hair.
Quizás me corte el pelo.

She may go to New York on business.
Quizás haga un viaje de negocios a Nueva York.

dar permiso a alguien:

You may kiss me on the cheek.
Puedes besarme en la mejilla.

He may come if he brings a present.
Puede venir si trae un regalo.

formular preguntas corteses:

May I help myself?
¿Me permite que me sirva yo mismo?

u ofrecer una posible explicación de un acontecimiento que sucedió en el pasado. En este caso empleamos **may have** o **may not have** con un participio:

He may have gone out.
Quizás haya salido.

It may not have been a good idea.
Quizás no fuera una buena idea.

May aparece además en muchas expresiones muy comunes:

Come what may.
Pase lo que pase.

You may well ask.
¡Buena pregunta!

Be that as it may.
Sea como sea.

May the best person win!
¡Qué gane el mejor!

MIGHT

afirmación	*negación*	*interrogación*
I might play.	I might not play.	Might I play?
You might play.	You might not play.	Might you play?
He might play.	He might not play.	Might he play?
She might play.	She might not play.	Might she play?
It might play.	It might not play.	Might it play?
We might play.	We might not play.	Might we play?
They might play.	They might not play.	Might they play?

⇨ Usos

A la hora de hablar de posibilidades futuras, **might** tiene un uso muy parecido a **may.** La diferencia estriba en que **might** indica una posibilidad más remota:

I might be on the news tonight.
Quizás salga en las noticias esta noche.

He might not be able to come to the wedding.
Quizás no pueda asistir a la boda.

Cuando queremos referirnos a un acontecimiento que pudo haber ocurrido en el pasado pero que, de hecho, no llegó a suceder, podemos utilizar **might have** o **might not have** y un participio:

The horse might have won if it hadn't fallen.
El caballo podría haber ganado si no se hubiera caído.

I might not have come if I had known he was going to be there.
Quizás no habría venido si hubiera sabido que iba a estar él.

A continuación se incluyen algunas frases muy corrientes con **might:**

You might at least listen!
Al menos podrías escuchar.

As you might imagine.
Como te puedes imaginar.

You might have told me before!
¡Podías habérmelo dicho antes!

MUST

afirmación	*negación*	*interrogación*
I must play.	I must not play.	Must I play?
You must play.	You must not play.	Must you play?
He must play.	He must not play.	Must he play?
She must play.	She must not play.	Must she play?
It must play.	It must not play.	Must it play?
We must play.	We must not play.	Must we play?
They must play.	They must not play.	Must they play?

En la forma negativa, **must not** puede ser sustituido por **mustn't.**

⇨ Usos

Utilizamos **must** cuando creemos que es necesario o importante que algo ocurra:

It's so hot today, I must have another shower.
Hace tanto calor hoy que tengo que darme otra ducha.

You must get that toilet fixed.
Tienes que arreglar ese váter.

Podemos emplear **must not** cuando creemos que es imprescindible evitar que ocurra una cosa determinada:

You must not swim straight after eating.
No debes nadar justo después de comer.

You mustn't get out of bed until you are better.
No debes levantarte de la cama hasta que te encuentres mejor.

Muchas veces utilizamos **must** o **must not** para establecer ciertas reglas:

You must not get out of your car while you are in the safari park.
No debes salir del coche mientras estés en el safari park.

All children must leave the building on hearing the alarm.
Todos los niños deben salir al oír la alarma.

Igualmente, **must** puede utilizarse para afirmar un hecho sobre el que el hablante no alberga dudas y que ocurre en el momento presente:

A: Who is playing that loud music?
A: ¿Quién tiene la música tan alta?

B: It must be Kath.
B: Debe ser Kath.

A: Who is throwing stones at the windows?
A: ¿Quién está tirando piedras a las ventanas?

B: It must be the children from next door.
B: Tienen que ser los niños de al lado.

Podemos utilizar **must have** y un participio cuando suponemos que algo ha ocurrido en el pasado:

A: Who left a mess in the bathroom?
A: ¿Quién dejó el baño hecho un desastre?

B: It must have been Emily.
B: Debió de ser Emily.

A: Who broke the stereo?
A: ¿Quién estropeó el equipo de música?

B: It must have been Ben because he was using it last.
B: Debió de ser Ben porque fue el último en utilizarlo.

A continuación, algunas expresiones corrientes en las que suele aparecer **must:**

You must be joking.
¡No lo dirás en serio!

If you must know, no, I don't like it at all.
Ya que insistes, no, no me gusta nada.

⇨ *Must* y *have to* — comparación

Tanto **must** como **have to** expresan obligación. La diferencia entre ambos viene determinada por un matiz muy sutil.

Empleamos **must** cuando creemos, desde un punto de vista personal, que existe una obligación o necesidad de algo. El uso de **must** hace hincapié en la existencia de un sentimiento personal de obligación:

I must get my hair cut.
Debo cortarme el pelo. (en mi opinión, necesito hacerlo)

En cambio, utilizamos **have to** cuando nos limitamos a dar información sobre lo que consideramos que, en general, es una obligación:

If you join the army you will have to get your hair cut.
Si te alistas en el ejército, tendrás que cortarte el pelo. (es una norma general)

Observe estas dos frases. Ambas significan lo mismo, pero hay un matiz que las diferencia:

I have to pay the bill by Friday.
Tengo que pagar el recibo antes del viernes. (es una obligación legal)

I must pay the bill by Friday.
Debo pagar el recibo antes del viernes. (en mi opinión, debería hacerlo)

En la forma negativa, estos dos verbos tienen un significado diferente. El uso de **don't have to** implica que no es necesario que ocurra algo, o que alguien haga algo:

You don't have to dress up for the party.
No tienes por qué ir elegante a la fiesta.

We don't have to be there before six.
No tenemos que estar allí antes de las seis.

El uso de **must not** implica que es imprescindible que algo no ocurra, o que alguien no haga una determinada cosa:

You must not get there early.
No debes llegar allí temprano.

You must not eat too much fatty food.
No debes comer demasiada comida grasa.

Ya que **must** no tiene forma en el pasado, en su lugar utilizamos el pasado de **have to:**

We had to get up early yesterday.
Ayer tuvimos que levantarnos temprano.

They had to do their tax declaration.
Tuvieron que hacer la declaración de la renta.

SHOULD

afirmación	*negación*	*interrogación*
I should play.	I should not play.	Should I play?
You should play.	You should not play.	Should you play?
He should play.	He should not play.	Should he play?
She should play.	She should not play.	Should she play?
It should play.	It should not play.	Should it play?
We should play.	We should not play.	Should we play?
They should play.	They should not play.	Should they play?

La forma negativa **should not** puede contraerse en **shouldn't.**

⇨ Usos

Podemos utilizar **should** en los siguientes casos:

Cuando queremos hacer recomendaciones o dar consejos:

You should do some more exercise.
Deberías hacer más ejercicio.

He shouldn't eat so much.
No debería comer tanto.

comentar probabilidades:

They left at 6; they should be here by 10.
Salieron a las 6; a lo mejor están aquí antes de las 10.

There shouldn't be any problem with your application.
No habrá problema alguno con su solicitud.

o lamentar lo que hicimos o dejamos de hacer en el pasado. En este caso utilizamos **should have** o **shoudn't have** + un participio pasado:

I should have asked her for a date, but I was too shy to do it.
Debí haber intentado quedar con ella, pero me daba demasiada vergüenza pedírselo.

I shouldn't have been so hard on them.
No debí haber sido tan duro con ellos.

Cuando hacemos previsiones o estimaciones respecto al momento en que habrá ocurrido algo en el futuro, podemos emplear **should have** y un participio:

My sister is flying over to visit us tonight. Her plane should have landed by about 10 pm.
Mi hermana llega en avión esta noche. El avión habrá aterrizado antes de las 10 de la noche.

Además, recuerde que **should** es un verbo con muchos matices. A continuación se incluyen algunas expresiones típicas con **should:**

You should have seen the look on her face.
¡Tenías que haber visto la cara que puso!

I shouldn't be surprised.
No me sorprendería nada.

I should think it was 4 am.
Yo diría que eran las 4 de la madrugada.

I should think so too.
¡Faltaría más!

If you should happen to see her give her my regards.
Si la ves, dale recuerdos de mi parte.

Shall

Utilizamos este verbo casi simpre con la 1ª persona, tanto del singular como del plural, es decir, con **I** y **we.**

La forma negativa de **shall** es **shall not** y su contracción es **shan't.**

⇨ Usos

Empleamos **shall** en los siguientes casos:

Cuando deseamos hacer una sugerencia:

Shall we leave now?
¿Salimos ahora?

Shall we go to the cinema?
¿Vamos al cine?

un ofrecimiento:

Shall I feed the dog?
¿Doy de comer al perro?

Shall I help you fix the car?
¿Te ayudo a arreglar el coche?

o queremos expresar la firme intención de hacer algo. En este caso podemos utilizar también **will,** pero si se opta por **shall** se da a entender una mayor voluntad de llevar a cabo la acción:

We shall be leaving in ten minutes.
Nos iremos dentro de diez minutos.

I shall be going by train.
Iré en tren.

I shan't go.
No iré.

Will

afirmación	negación	interrogación
I will play.	I will not play.	Will I play?
You will play.	You will not play.	Will you play?
He will play.	He will not play.	Will he play?
She will play.	She will not play.	Will she play?
It will play.	It will not play.	Will it play?
We will play.	We will not play.	Will we play?
They will play.	They will not play.	Will they play?

En la negación, **will not** se puede contraer en **won't** y, en la forma afirmativa, la contracción de **will** es **-'ll:**

I'll play.
You'll play.
He'll play.
She'll play.
It'll play.
We'll play.
They'll play.

⇨ **Usos**

Empleamos **will** en los siguientes casos:

Cuando creemos con bastante seguridad que algo va a pasar en el futuro:

I think there will be robot doctors in the future.
Creo que habrá médicos robots en el futuro.

I don't think I'll have more than three children.
No creo que tenga más de tres hijos.

Cuando tomamos la decisión de hacer algo en el momento de hablar:

I think I'll go and have a look.
Creo que echaré un vistazo.

I certainly won't do that again.
Con toda seguridad no volveré a hacerlo.

para hacer una petición:

Will you walk me home?
¿Me acompañas a casa?

u ofrecer algo:

Will you have some more water?
¿Quieres más agua?

Podemos utilizar **will have** o **won't have** y un participio cuando creemos que algo habrá pasado antes de un determinado momento en el futuro:

By the year 2003 I <u>will have made</u> a million dollars.
Antes del año 2003 habré ganado un millón de dólares.

She<u>'ll have had</u> time to think it over by tomorrow.
Habrá tenido tiempo para reflexionar antes de mañana.

Para hacer una suposición sobre lo que estará haciendo alguien en un momento determinado del futuro empleamos **will be** o **won't be** y un verbo en la forma **–ing.** La forma continua hace hincapié en que la acción estará en curso:

She will be lying on the beach sipping Pina Coladas by Friday.
Estará tumbada en la playa tomando piña colada antes del viernes.

She will be earning twice as much in two years time.
Dentro de dos años estará ganando el doble.

Igualmente, podemos utilizar **will** para subrayar que algo nos resulta molesto:

He will keep leaving his things lying around.
Siempre deja sus cosas tiradas.

If you will keep seeing her, what do you expect?
Si sigues viéndola, ¿qué esperas?

o para expresar nuestro enfado:

I will not stand for this!
¡No estoy dispuesto a tolerar esto!

WOULD

afirmación	*negación*	*interrogación*
I would play.	I would not play.	Would I play?
You would play.	You would not play.	Would you play?
He would play.	He would not play.	Would he play?
She would play.	She would not play.	Would she play?
It would play.	It would not play.	Would it play?
We would play.	We would not play.	Would we play?
They would play.	They would not play.	Would they play?

En la forma negativa se puede escribir indistintamente **would not** o **wouldn't.** La contracción de **would** es **–'d:**

I'd play.
You'd play.
He'd play.
She'd play.
It'd play.
We'd play.
They'd play.

⇨ Usos

Empleamos **would** en los siguientes casos:

Junto al verbo **to like** y seguido de otro verbo expresa deseo:

He would like to go to the fun-fair.
Le gustaría ir al parque de atracciones.

I wouldn't like to eat snake.
No me gustaría comer carne de serpiente.

Cuando queremos hacer una propuesta u oferta:

Would you like some more biscuits?
¿Te apetecen más galletas?

Would she like some help?
¿Le gustaría que la ayudaran?

Para pedir a alguien que haga algo o para pedir un favor. El uso de **would** resulta bastante cortés:

Would you mind taking me to the station?
¿Le importaría acercarme a la estación ?

Would you mind turning the music down?
¿Le importaría bajar el volumen de la música?

Would they mind lending me their car?
¿Les importaría prestarme el coche?

Would have o **wouldn't have** y un participio sirven para hacer comentarios hipotéticos sobre situaciones pasadas:

If you had invited me, I would have gone.
Si me hubieras invitado, habría ido.

I wouldn't have shown you the photos if I'd known you were going to fall asleep.
No te habría enseñado las fotos si hubiera sabido que te ibas a quedar dormido.

Igualmente, podemos hacer un comentario sobre un comportamiento típico de alguien en el pasado:

When she was a baby she would make these really funny noises.
Cuando era un bebé hacía unos ruidos muy graciosos.

También podemos comentar la insistencia o los hábitos molestos de otra persona, empleando la fórmula **wish + would** + verbo que expresa la acción que se desea evitar:

I wish you wouldn't do that!
¡Deja de hacer eso!

I wish you'd stop making so much noise.
¡Deja de hacer tanto ruido!

VERBOS SEMI-MODALES

DARE

El verbo **dare** se traduce como *atreverse* y puede funcionar de dos maneras: como un verbo modal y como un verbo normal:

1. Como verbo modal aparece con más frecuencia en la forma negativa **daren't.** En este caso, va seguido del infinitivo sin **to:**

   She daren't do it.
   No se atreve a hacerlo.

2. Además, **dare** puede comportarse como un verbo normal en las formas afirmativa, negativa e interrogativa. Como tal, para formar la negación y la interrogación necesita **do/does** en presente simple y va seguido del infinitivo con **to:**

   She doesn't dare to do it.
   No se atreve a hacerlo.

NEED

Need expresa necesidad y puede funcionar de dos maneras distintas: como un verbo modal y como un verbo normal:

1. Como verbo modal, su uso más común se da en la forma negativa, es decir, **needn't** seguido del infinitivo sin **to:**

   You needn't go.
   No es necesario que vayas.

   She needn't buy it.
   No es necesario que lo compre.

2. Además, este verbo se comporta como un verbo normal en las formas afirmativa, negativa e interrogativa. Como tal, para formar la negación y la interrogación necesita **do/does** en presente simple, y en este caso va seguido del infinitivo con **to:**

You don't need to go.
No es necesario que vayas.

She doesn't need to buy it.
No es necesario que lo compre.

➢ Cuando queremos hablar de una necesidad pasada podemos utilizar el verbo modal **need not have** + un participio, o bien el verbo normal **didn't need to** + infinitivo. El uso de una u otra forma altera el significado de la frase:

- **Need not have** y un participio sugiere que alguien hizo algo en el pasado que no fue imprescindible. Esto implica que la persona en cuestión ha perdido el tiempo haciendo algo innecesario:

  You needn't have brought so much food because we already have a lot.
  No era necesario que trajeras tanta comida porque ya tenemos mucha.

  She needn't have queued up because I had the tickets.
  No era necesario que hiciera cola porque yo ya tenía las entradas.

- **Didn't need to** y un verbo indica que no era necesario que alguien hiciera algo en el pasado. Sin embargo, no se sabe si la acción se llevó a cabo o no:

  He didn't need to be there.
  No era necesario que estuviera allí. (no se sabe si estaba o no)

  They didn't need to reserve the table.
  No era necesario que reservaran la mesa. (no se sabe si lo hicieron o no)

OUGHT TO

Consideramos **ought to** un verbo semi-modal porque va seguido de la partícula **to,** mientras que, por regla general, los verbos modales no llevan esta partícula. La negación de **ought to** es **ought not to**, o bien **oughtn't.**

⇨ Usos

Lo empleamos para:

Dar consejos o recomendaciones. En este uso es muy parecido a **should:**

You ought to take more care of yourself.
Deberías cuidarte más.

She ought to change jobs.
Debería cambiar de trabajo.

Hablar de probabilidades:

They ought to be here soon.
Deben de estar al caer.

Lamentar lo que hicimos o no en el pasado. En estos casos se utiliza **ought to have** y un participio:

I ought to have got to the airport earlier.
Debí haber llegado antes al aeropuerto.

CONDICIONALES

Utilizamos el modo condicional cuando queremos hablar de una posible situación y sus posibles consecuencias. Las frases condicionales se componen de **if** más una cláusula que se puede situar al principio o al final de la frase. Cuando se sitúa al principio, se suele separar con una coma.

⇨ Verdades universales y hechos

Una oración condicional puede servir para enunciar hechos o verdades universales. En este tipo de condicional las dos cláusulas suelen estar en presente simple:

If you heat water to 100 degrees, it boils.
Si calientas el agua hasta 100 grados, hierve.

Water turns to ice if you freeze it.
Si la congelas, el agua se convierte en hielo.

⇨ Posibilidades reales y factibles

En este tipo de condicionales hablamos de situacciones posibles y hacemos predicciones sobre sus posibles efectos. Una cláusula está formada por **if** y un verbo en presente simple y la otra por una frase con **will:**

If I don't eat soon, I'll faint.
Si no como pronto, me voy a desmayar.

If you don't get the tickets today, you'll miss the match.
Si no compras las entradas hoy, te quedarás sin ver el partido.

If you pay, I'll go on holiday with you.
Si pagas tú, iré de vacaciones contigo.

➩ Situaciones imaginarias – futuro

Empleamos este tipo de condicionales para imaginar situaciones futuras e hipotéticas y sus posibles efectos.

En una cláusula encontramos **if** y un verbo en pasado simple (no olvide que aunque se utiliza el pasado simple, estamos hablando de situaciones imaginarias que no han ocurrido aún). Formamos la otra cláusula mediante una frase con **would:**

I would be so much happier if she paid more attention to me.
Sería mucho más feliz si me prestara más atención.

If I had enough money, I would buy her a diamond studded necklace.
Si tuviera suficiente dinero, le compraría un collar con diamantes.

➩ Situaciones irreales e imaginarias – pasado

Utilizamos este tipo de condicionales para referirnos a situaciones imaginarias del pasado. Formamos una cláusula con **if** y el pasado perfecto; la otra cláusula la construimos con **would have** y un participio.

A continuación vemos la construcción **would have** más participio:

afirmación	*negación*	*interrogación*
I would have played.	I would not have played.	Would I have played?
You would have played.	You would not have played.	Would you have played?
He would have played.	He would not have played.	Would he have played?
She would have played.	She would not have played.	Would she have played?
It would have played.	It would not have played.	Would it have played?
We would have played.	We would not have played.	Would we have played?
They would have played.	They would not have played.	Would they have played?

y las posibles contracciones de la forma negativa:

I wouldn't have played.
You wouldn't have played.
He wouldn't have played.
She wouldn't have played.
It wouldn't have played.
We wouldn't have played.
They wouldn't have played.

Vea algunos ejemplos de este tipo de oración condicional:

Cinderella would have stayed at home if the fairy godmother hadn't come.
Cenicienta se habría quedado en casa si no hubiera venido el hada madrina.

If Cinderella hadn't lost her shoe the prince wouldn't have found her.
Si Cenicienta no hubiera perdido el zapato, el príncipe no la habría encontrado.

I wouldn't have become a model if you hadn't encouraged me.
No me habría convertido en modelo si no me hubieras animado.

She wouldn't have had to put up with them if she had left earlier.
Si se hubiera marchado antes, no habría tenido que soportarlos.

⇨ Los condicionales – algunos puntos de interés

Existe una diferencia entre el uso de **when** e **if** en las frases condicionales. Utilizamos **if** cuando creemos que algo podría pasar, y **when** cuando creemos que algo va a ocurrir definitivamente. Compare estas dos frases:

If I get rich, I'll go and live on a caribbean island.
Si me hago rico, me iré a vivir a una isla caribeña.

When I get rich, I'll go and live on a caribbean island.
Cuando sea rico, viviré en una isla caribeña.

Con las oraciones condicionales también podemos hacer preguntas:

What will you do if they decide to sell the business?
¿Qué harás si deciden vender el negocio?

If you had to leave the house, where would you go?
Si tuvieras que marcharte de casa, ¿dónde irías?

A la hora de referirnos a un futuro posible, podemos construir una oración condicional con **will** o con **would,** pero debe tenerse en cuenta que se producirá un ligero cambio de significado de la frase, dependiendo de la forma que se elija. Compare estas dos frases:

If I have the time, I'll do it tonight.
Si tengo tiempo, lo haré esta noche. (una posibilidad)

If I had the time, I'd do it tonight.
Si tuviera tiempo, lo haría esta noche. (la posibilidad existe, pero es remota)

En las frases condicionales podemos emplear tanto **was** como **were** con los pronombres **I, she, he, it** sin que se produzca ningún cambio de significado:

If I was/were you I'd take lots of sun cream.
Yo, en tu lugar, me llevaría mucha crema solar.

She'd know what to do if she was/were here.
Ella sabría qué hacer si estuviera aquí.

Además, podemos construir las frases condicionales con verbos modales:

If you train a dolphin well it <u>can</u> do all sorts of tricks.
Si adiestras a un delfín, puede hacer todo tipo de trucos.

He <u>might</u> take the job if you offer it to him.
Puede que acepte el trabajo si se lo ofreces.

If I were you I <u>should</u> try and get some rest.
Yo, en tu lugar, intentaría descansar.

También podemos combinar diferentes tiempos verbales:

> **I wouldn't be living in this house now if my in-laws hadn't helped me.**
> *No estaría viviendo en esta casa si mis suegros no me hubieran ayudado.*
>
> **If it's so bad with your parents, why didn't you leave?**
> *Si te va tan mal con tus padres, ¿cómo es que no te marchaste?*

If y **will** aparecen en la misma cláusula cuando queremos hablar de la conducta molesta o insistente de alguien:

> **If she will keep leaving her clothes lying around, she can't complain when she doesn't find anything.**
> *Si sigue dejando la ropa tirada por ahí, que no se queje si no encuentra nada.*
>
> **If you will insist on eating so much food, you are going to get fat.**
> *Si sigues comiendo tanto, vas a engordar.*

PREGUNTAS CON *HOW, WHICH, WHO, WHOSE, WHY, WHAT*, ETC.

How

How pregunta sobre la manera en que pasó algo:

How did you get here?
¿Cómo llegaste aquí?

How does she know?
¿Cómo lo sabe ella?

o sobre el estado de salud de una persona:

How is he?
¿Cómo está?

How do you feel ?
¿Cómo te encuentras?

También podemos utilizar **how** con adjetivos:

How far was it?
¿A qué distancia estaba?

How tall is it?
¿Cuánto mide de alto?

How old is he?
¿Cuántos años tiene?

How long interroga sobre la duración de una acción:

How long have you been here?
¿Cúanto tiempo llevas aquí?

How long has she been learning Japanese?
¿Cúanto tiempo lleva estudiando japonés?

how often sobre la frecuencia:

> **How often does she come here?**
> *¿Con qué frecuencia viene aquí?*

y **how much** (con un nombre incontable) o **how many** (con nombres contables) sobre cantidades:

> **How many people came?**
> *¿Cúantas personas vinieron?*

> **How much wine is there left?**
> *¿Cúanto vino queda?*

WHICH

Which, seguido del pronombre **one,** sugiere una elección entre un conjunto limitado de cosas:

> **There's a blue one and a green one, which one do you want?**
> *Hay uno en azul y otro en verde, ¿cúal quieres?*

> **Of the three films that she saw, which one was her favourite?**
> *De las tres películas que vio, ¿cúal le gustó más?*

WHOSE

Whose se comporta como un pronombre y lo empleamos al formular preguntas sobre una relación de posesión:

> **Whose coat is this?**
> *¿De quién es este abrigo?*

> **Whose are these?**
> *¿De quién son estos?*

WHY

Why pregunta por los motivos de una acción:

> **Why did he do it?**
> *¿Por qué lo hizo?*

> **Why is it going to be so early?**
> *¿Por qué va a ser tan temprano?*

También podemos utilizarlo en la forma negativa (**why not**) para hacer una sugerencia:

> **Why don't we go to the beach?**
> *¿Por qué no nos vamos a la playa?*

What

Es posible formar una pregunta con **what** seguido de un nombre:

What books have you read?
¿Qué libros has leído?

What cities have you visited?
¿Qué ciudades has visitado?

What time is it?
¿Qué hora es?

➢ Es importante recordar que, a la hora de elegir entre un grupo limitado de cosas, empleamos **which** y no **what:**

Which arm have you hurt, your left or your right?
¿En qué brazo te has hecho daño, en el izquierdo o en el derecho?

Utilizamos **what** para preguntar sobre las características de una persona o de un objeto:

What is your uncle like?
¿Cómo es tu tío?

What is the weather like?
¿Qué tiempo hace?

y **what about** para recordarle algo a alguien o hacer sugerencias:

What about your broken arm?
¿Qué tal tu brazo roto?

What about going to the north?
¿Qué tal si vamos al norte?

What about your new job?
¿Qué hay de tu nuevo trabajo?

⇨ El uso de preposiciones en preguntas

En las interrogaciones podemos utilizar **what, who, where,** etc. + preposición. Normalmente, añadimos la preposición al final de la pregunta:

What is that for?
¿Para qué es eso?

What did she use it <u>for</u>?
¿Para qué lo utilizó?

What are you looking at?
¿Qué estás mirando?

What were you angry <u>about</u>?
¿Por qué estabas enfadado?

Who is he married to?
¿Con quién está casado?

⇨ El uso del sujeto y objeto en preguntas

Compare estas dos frases:

Who talked to you? (1).
¿Quién habló contigo?

Who did you talk to? (2).
¿Con quién hablaste?

En la primera frase, **who** se refiere al sujeto de la frase: *Alguien habló contigo. ¿Quién habló contigo?*

En la segunda frase, **who** se refiere al objeto de la frase: *Hablaste con alguien. ¿Con quién hablaste?*

Cuando **who, what, which** se refieren al sujeto de la frase, no añadimos **do/does** en el presente simple, ni **did** en el pasado simple:

What happened?
¿Qué pasó?

Which team won?
¿Qué equipo ganó?

Who played?
¿Quién jugó?

Cuando **who, what, which** se refieren al objeto de la frase, construimos la forma interrogativa con **do, does** en presente simple y **did** en pasado simple:

What did they eat?
¿Qué comieron?

Which one did she want?
¿Cúal quería?

Who did you see?
¿A quién viste?

IMPERATIVO

El imperativo sirve para decir, aconsejar o animar a alguien a que haga algo. La forma más habitual de imperativo es el infinitivo sin la partícula **to.** En inglés no se distingue entre el singular y el plural:

Run!
¡Corre!

Come here!
¡Venid aquí!

Take off your shoes!
¡Quítate los zapatos!

Get out!
¡Fuera de aquí!

En la forma negativa se añade **do not** o **don't:**

Don't touch that!
¡No toque eso!

Don't play with it!
¡No juegues con eso!

Don't be rude to your brother!
¡No seas grosera con tu hermano!

Podemos añadir **always** y **never,** situándolos al principio de la frase:

Always tell the truth!
¡Di siempre la verdad!

Never hit your pets!
¡Nunca pegues a tus animales de compañía!

let's o **let's not** cuando pretendemos animar a otras personas a hacer algo:

Let's take our bikes out to the park.
¡Llevemos las bicis al parque!

Let's not go out tonight.
¡No salgamos esta noche!

o **do** delante de una orden afirmativa para dar aún más énfasis a lo que queremos decir:

Do be quiet!
¡A callar!

Do stop being silly!
¡Dejad de hacer tonterías!

Voz pasiva

Verbos transitivos e intransitivos

En inglés hay una categoría de verbos denominados intransitivos. Estos verbos no van acompañados de un objeto:

She laughed.
Ella se rió.

They screamed.
Ellos chillaron.

He disappeared.
Él desapareció.

We are lying down.
Estamos tumbados.

Otros verbos, sin embargo, van seguidos de un objeto. Estos verbos se llaman transitivos:

She hates <u>that film</u>.
Ella odia esa película.

They are throwing <u>the ball</u>.
Están lanzando la pelota.

Finalmente, y en función del contexto, algunos verbos pueden ser transitivos o intransitivos:

I drink. (verbo intransitivo)
Bebo.

I drink beer. (verbo transitivo)
Bebo cerveza.

VOZ PASIVA

En la voz activa, el sujeto de la frase es el autor de la acción:

The cat caught a mouse.
El gato atrapó un ratón. (el sujeto —el gato— es el autor de la acción)

En la voz pasiva, la cosa o persona afectadas por la acción se convierten en sujeto:

The mouse was caught by a cat.
El ratón fue atrapado por el gato. (el sujeto —el ratón— se ve afectado por la acción)

Como ha podido ver, la voz pasiva trata de centrar la atención en la acción en sí, y no en su autor. Veamos otro ejemplo:

Yesterday a man was arrested for attempted robbery. The man was taken to Arlington police station for questioning.
Ayer, un hombre fue arrestado por un intento de robo. El hombre fue trasladado a la comisaría de Arlington para el interrogatorio.

En estas frases se han utilizado dos pasivas: **was arrested** y **was taken**. El hablante utiliza la voz pasiva porque le interesa más comunicar lo que le ocurrió al objeto de las acciones —al ladrón— que a los que llevaron esas acciones a cabo. Se supone que se trata de la policía, pero no se la menciona por no ser relevante para la comprensión de la frase. Podemos mencionar al autor de la acción añadiendo **by:**

Onlookers said that the robber was thrown to the floor by a bank guard. The man was pinned to the ground by the courageous guard until the police arrived.
Los testigos afirmaron que el ladrón fue arrojado al suelo por un vigilante jurado del banco. El hombre quedó inmovilizado en el suelo por el valiente guardia hasta que llegó la policía.

En las frases de los ejemplos la voz pasiva se ha expresado en pasado. Sin embargo, podemos construirla en otros tiempos verbales. A continuación se incluye una lista de las diferentes formas y tiempos verbales con los que se puede construir la voz pasiva mediante el verbo **to be** seguido del participio correspondiente:

Presente simple:	**The mouse is caught.** *El ratón es atrapado.*
Presente continuo:	**The cat is being chased.** *El gato está siendo perseguido.*
Pasado simple:	**The house was built.** *La casa fue construida.*
Pasado continuo:	**The car was being driven.** *El coche estaba siendo conducido.*
Presente perfecto:	**The document has been signed.** *El documento ha sido firmado.*

Pasado perfecto: **The man had been told.**
El hombre había sido avisado.

Futuro con **will:** **The job will be offered.**
El puesto será ofrecido.

Futuro con **going to:** **The shop is going to be knocked down.**
La tienda va a ser derribada.

El inglés utiliza la voz pasiva con más frecuencia que el español, que prefiere el uso de la forma impersonal con *se:*

Smoking is not allowed.
No se permite fumar.

Bread is sold here.
Aquí se vende pan.

⇨ **Otras construcciones típicas de la voz pasiva**

- **It is** seguido del participio de un verbo que expresa pensamiento u opinión:

  It is thought that the man was sent to jail.
  Se cree que el hombre fue encarcelado.

  It is said that he had been driving a white car.
  Se dice que había estado conduciendo un coche blanco.

- **Have** más un objeto y un participio, muy común a la hora de referirse al servicio que fue o será prestado por un tercero:

  We had our kitchen refitted.
  Reacondicionaron nuestra cocina.

  They will have their car repaired.
  Van a reparar el coche.

- **Get** y un participio. Este uso es más bien coloquial, aunque muy corriente en el inglés hablado:

  He got bitten by a spider.
  Le picó una araña.

  The man got taken to hospital.
  Llevaron al hombre al hospital.

- Cuando hay dos objetos, existen dos maneras posibles de formar la frase en voz pasiva:

  The children were given a present.
  Los niños recibieron un regalo.

  A present was given to the children.
  Los niños recibieron un regalo.

INFINITIVO

Muchos verbos ingleses, tales como **agree, choose, decide, expect, hope, intend, learn, manage, offer, plan, pretend, promise, refuse,** van seguidos de infinitivo:

We plan <u>to sign</u> the contract.
Tenemos la intención de firmar el contrato.

They promised <u>to come</u> as soon as possible.
Prometieron venir lo más pronto posible.

Celia managed to pass the exam.
Celia consiguió aprobar el examen.

Julia refused to admit it.
Julia se negó a reconocerlo.

Simon pretended to be sick.
Simón simuló estar enfermo.

Liz offered to manage the team.
Liz se ofreció a dirigir el equipo.

Otros verbos también van seguidos de infinitivo, pero sin la partícula **to.** Estos verbos van acompañados además de un objeto. **Let** y **make** son dos de estos verbos:

They let us go to the party.
Nos dejaron ir a la fiesta.

He made us tidy our room.
Nos hizo ordenar nuestra habitación.

GERUNDIO

Algunos verbos, tales como **adore, avoid, can't stand, deny, enjoy, finish, imagine, keep, miss, recall, regret, suggest,** van seguidos de gerundio (le recordamos que el gerundio se forma añadiendo **–ing** a la raíz del verbo):

I suggest taking the car.
Sugiero que vayamos en coche.

She misses playing with her friends.
Echa de menos jugar con sus amigas.

He avoided seeing her.
Evitó verla.

They finished working at seven o'clock.
Terminaron de trabajar a las siete en punto.

Estos verbos pueden ir seguidos de **being** y de un participio pasado cuando forman una oración en la voz pasiva:

He can't stand being touched on the face.
No soporta que le toquen la cara.

I can't imagine being imprisoned.
No puedo imaginarme en la cárcel.

Come y **go,** seguidos de gerundio, describen el comportamiento o la manera en que alguien se mueve:

She came running.
Ella llegó corriendo.

They went away laughing.
Se alejaron riéndose.

Algunos verbos, tales como **catch, find, hear,** pueden ir seguidos de un objeto y de un verbo en la forma **–ing:**

We caught him throwing stones at the cars.
Le pillamos tirando piedras a los coches.

You will find him sitting on the beach.
Le encontrarás sentado en la playa.

We hear her shouting.
La oímos gritar.

Asimismo, utilizamos el gerundio cuando un verbo sigue a una preposición:

We talked <u>about going</u> to the cinema.
Hablamos de ir al cine.

I would like to apologize <u>for shouting</u> at you.
Me gustaría disculparme por haberte gritado.

She is interested <u>in working</u> on this project.
A ella le interesa trabajar en este proyecto.

INFINITIVO Y GERUNDIO — COMPARACIÓN

Algunos verbos pueden ir seguidos de infinitivo o gerundio sin que se produzca un cambio esencial de significado. Así ocurre con los siguientes verbos: **begin, can't bear, continue, prefer, start:**

I began working at six./I began to work at six.
Empecé a trabajar a las seis.

He continued talking for hours./He continued to talk for hours.
Siguió hablando durante horas.

El verbo **like** cambia ligeramente de sentido dependiendo de si va seguido de infinitivo o gerundio. Cuando va seguido de gerundio significa que el hablante disfruta haciendo algo:

I like watching storms.
Me gusta contemplar las tormentas.

En cambio, cuando **like** va seguido de un infinitivo significa que elegimos hacer algo, o bien porque creemos que es lo correcto, o bien porque tenemos la costumbre de hacerlo así:

I like to get up early on Saturdays so I can enjoy the day.
Me gusta levantarme temprano los sábados para disfrutar del día.

He likes to see the doctor at least once a month.
A él le gusta ir al médico al menos una vez al mes.

En el caso de los verbos **love, hate, prefer,** el uso del infinitivo o gerundio no cambia sustancialmente su significado:

> **She loves lying in the sun./She loves to lie in the sun.**
> *A ella le encanta tumbarse al sol.*
>
> **They prefer working in the mornings./They prefer to work in the mornings.**
> *Prefieren trabajar por las mañanas.*

Sin embargo, estos mismos verbos requieren el uso de infinitivo cuando se refieren a una ocasión en particular:

> **Would you <u>like to go</u> out for dinner tonight?**
> *¿Te gustaría ir a cenar fuera esta noche?*
>
> **I <u>hate to disturb</u> you, but there's someone at the door for you.**
> *Siento molestarle, pero hay alguien en la puerta preguntando por usted.*

Podemos utilizar los verbos **see, hear, watch** con un infinitivo o un gerundio. El uso de estos verbos acompañados de gerundio implica que empezamos a percibir una acción que ya estaba en curso. La acción se ve como incompleta o pasajera:

> **We heard her practising the cello.**
> *La oímos practicar el violonchelo.*

Sin embargo, el uso de uno de estos verbos seguidos de infinitivo implica que observamos la acción completa, desde su inicio hasta el final:

> **We heard her play a piece by Dvorak.**
> *La oímos tocar una pieza de Dvorak.*

A continuación, vea algunos verbos que experimentan un cambio sustancial de significado según vayan seguidos de infinitivo o de gerundio:

verbo	*infinitivo*	*gerundio*
forget	**I won't forget to dance with her.** *Me acordaré de bailar con ella.*	**I won't forget dancing with her.** *Nunca olvidaré que bailé con ella.*
mean	**I didn't mean to hurt you.** *No era mi intención hacerte daño.*	**That will mean working more.** *Eso supondrá trabajar más.*
regret	**I regret to tell you that.** *Lamento tener que decírselo.*	**I regretted telling him the truth.** *Me arrepentí de haberle dicho la verdad.*
remember	**Will she remember to meet me?** *¿Se acordará de que hemos quedado?*	**Will she remember meeting me?** *¿Se acordará de que me conoce?*
stop	**I stopped to look at her.** *Me paré para mirarla.*	**I stopped looking at her.** *Dejé de mirarla.*
try	**Try to speak more slowly.** *Intenta hablar más despacio.*	**Try speaking more slowly.** *Inténtalo hablando más despacio.*

ESTILO INDIRECTO

El estilo directo cita textualmente las palabras de una persona. Las comillas acotan el texto que se reproduce:

> **'I'm really excited about it,' she said.**
> *«Me emociona mucho», dijo.*

El estilo indirecto, en cambio, es una versión de lo que otra persona ha dicho. Lo utilizamos para informar indirectamente a alguien, utilizando para ello un verbo como **say:**

> **She said she was really excited about it.**
> *Dijo que le emocionaba mucho.*

⇨ Usos

Si la oración en estilo directo está en presente, en el estilo indirecto podemos ponerla en pasado o dejarla en presente:

estilo directo	*estilo indirecto*
I love Argentinian food. *Me encanta la comida argentina.*	**He said he loved/loves Argentinian food.** *Dijo que le encantaba la comida argentina.*
I am so happy. *Soy tan feliz.*	**John said he was/is so happy.** *John dijo que era muy feliz.*
I am going to be a lawyer. *Voy a ser abogada.*	**She said she was/is going to be a lawyer.** *Ella dijo que iba a ser abogada.*
I don't know where to go. *No sé adónde ir.*	**He said he didn't/doesn't know where to go.** *Dijo que no sabía adónde ir.*

Se deja la frase en presente simple, especialmente si lo dicho en estilo directo sigue siendo válido:

I want to have a romantic dinner. *Quiero una cena romántica.*	**He told her that he wants to have a romantic dinner.** *Le dijo que quería una cena romántica.*

Un verbo que ya está en pasado puede transformarse en pasado perfecto o permanecer en el pasado:

We went to Mexico.
Fuimos a México.

They said they had been to Mexico.
Dijeron que habían estado en México.

They said they went to Mexico.
Dijeron que fueron a México.

Si la oración en estilo directo lleva **will**, podemos expresar la oración en estilo indirecto con **would:**

I will read it tonight.
Lo leeré esta noche.

She said she would read it tonight.
Dijo que lo leería aquella noche.

I won't play in the rain.
No jugaré bajo la lluvia.

He said he wouldn't play in the rain.
Dijo que no jugaría bajo la lluvia.

El verbo **tell**, seguido de un pronombre objeto (**me, you, him, her, it, us, them**), es frecuentemente empleado en el estilo indirecto:

We are going to win.
Vamos a ganar.

She told me they were going to win.
Me dijo que iban a ganar.

I want to buy a new motorbike.
Quiero comprar una moto nueva.

She told us she wanted to buy a new motorbike.
Nos dijo que quería comprar una moto nueva.

I have eaten enough.
He comido suficiente.

He told her that he had eaten enough.
Le dijo que había comido suficiente.

Con los verbos **say** y **tell** el uso de la palabra **that** es opcional:

I need some more money.
Necesito más dinero.

She said (that) she needed some more money.
Dijo que necesitaba más dinero.

I can type.
Sé escribir a máquina.

He told us (that) he could type.
Nos dijo que sabía escribir a máquina.

Muchas veces no es necesario repetir literalmente todas y cada una de las palabras del estilo directo. La persona que construye la frase en estilo indirecto puede interpretar lo que pretendía decir la persona en el estilo directo. Para ello podemos emplear verbos como **admit, agree, decide, deny, mention, promise:**

No, I didn't do it.
No, no lo hice.

He denied doing it.
Negó haberlo hecho.

OK, I'll come with you.
Vale, iré contigo.

He agreed to come.
Decidió venir conmigo.

Hay una serie de términos, tales como **here, there, this, that, today, tomorrow, yesterday,** cuyo significado en estilo directo depende mucho del contexto en que los utilizamos.

Cuando convertimos una frase al estilo indirecto, estos términos tienen que alterarse para conservar el significado de la frase. Por ejemplo, si alguien dice, mientras está en Londres: **I want to live here,** la persona que forma la oración en estilo indirecto, si no está en Londres, tendrá que especificar el significado de **here** y asumir la responsabilidad de encontrar otro término que deje claro el significado original de la frase:

I want to live here.
Quiero vivir aquí.

She said she wanted to live there.
She said she wanted to live in London.
Dijo que quería vivir allí.
Dijo que quería vivir en Londrés.

I will see you tomorrow.
Te veré mañana.

He said he would see her the next day.
He said he would see her on Thursday.
Dijo que la vería al día siguiente.
Dijo que la vería el jueves.

Cuando queremos convertir en estilo indirecto órdenes que se han formulado en imperativo, podemos utilizar la estructura: verbo, objeto, infinitivo:

Come here! — **She told us to go there.**
¡Ven aquí! — *Nos dijo que fuéramos allí.*

Se puede emplear esta construcción con otros verbos tales como: **advise, command, order, remind:**

Get up! — **He ordered us to get up.**
¡Levántate! — *Nos ordenó que nos levantáramos.*

Don't forget! — **She reminded us to do it.**
¡Qué no se te olvide! — *Nos recordó que lo hiciéramos.*

A la hora de convertir una pregunta al estilo indirecto, podemos utilizar el verbo **ask** y una cláusula con **if** o un pronombre interrogativo como **how, when, where, what:**

Do you want some chocolate? — **She asked them if they wanted some chocolate.**
¿Queréis un poco de chocolate? — *Les preguntó si querían un poco de chocolate.*

Where do you live? — **He asked me where I lived.**
¿Dónde vives? — *Me preguntó dónde vivía.*

How does she know? — **They asked us how she knew.**
¿Cómo lo sabe? — *Nos preguntaron cómo lo supo.*

➢ Observe que la cláusula que sigue a los pronombres interrogativos **who, when, what, where** tiene la estructura de una frase afirmativa:

Who do you love? — **She asked me who I loved.**
¿A quién amas? — *Me preguntó a quién amaba.*

En el estilo indirecto sería incorrecto decir: **she asked me who did I love.**

QUESTION TAGS

Question tag es una coletilla que añadimos al final de la frase. Equivale en español a *¿verdad?, ¿no?, ¡eh!,* etc. La utilizamos cuando deseamos que nuestro interlocutor confirme lo que estamos diciendo.

Para formarlas, colocamos al final de la oración un verbo auxiliar, un verbo modal o el verbo **to be** seguido de pronombre.

Cuando la oración es positiva, la coletilla es negativa:

You are the owner, aren't you?
Tú eres la propietaria, ¿verdad?

You can play football in the garden, can't you?
Se puede jugar al fútbol en el jardín, ¿no?

You've broken the window, haven't you?
Has roto la ventana, ¿verdad?

Cuando la oración es negativa, la coletilla es positiva:

You haven't been to America, have you?
Nunca has estado en América, ¿verdad?

This isn't your ball, is it?
Esta no es tu pelota, ¿verdad?

Cuando **question tag** se forma con el verbo **to be,** se produce una excepción en la 1ª persona del singular:

I'm good, <u>aren't I</u>?
Soy bueno, ¿verdad?

Cuando no empleamos el verbo **to be**, un verbo modal o un auxiliar, añadimos **do, does** en el presente simple y **did** en el pasado simple:

You don't know anything about medicine, do you?
No sabes nada de medicina, ¿verdad?

She went surfing, didn't she?
Se fue a hacer surf, ¿no?

Si queremos expresar sorpresa o enfado, o bien hablar en tono sarcástico, podemos colocar una coletilla positiva junto a una oración positiva:

So you've never seen these diamonds before, have you?
Así que nunca has visto estos diamantes antes, ¿no?

You're absolutely sure, are you?
Estás absolutamente segura, ¿verdad?

Si deseamos suavizar el tono imperativo de una orden, podemos añadir una coletilla al final. Las coletillas de los imperativos suelen ser **can you, could you, will you, won't you, would you:**

Be careful, will you?
Ten cuidado, ¿quieres?

Do the washing up, will you?
Friega los platos, por favor.

Help me, could you?
Ayúdame, por favor.

Después de los términos **somebody, someone, nobody, no-one, everybody, everyone, anybody, anyone,** utilizamos el pronombre **they:**

Nobody saw who broke the window, did they?
Nadie vio quién rompió la ventana, ¿verdad?

Everyone was at home, weren't they?
Todo el mundo estaba en casa, ¿no?

Somebody is lying, aren't they?
Alguien está mintiendo, ¿no es así?

RESPUESTAS CORTAS

Cuando alguien nos hace una pregunta, podemos contestar con una respuesta corta. Si la pregunta contiene un auxiliar, un verbo modal o el verbo **to be,** podemos contestar utilizando estos mismos verbos en la forma afirmativa o negativa:

pregunta	*respuesta corta*
Is she here?	**Yes, she is.** **No, she isn't.**
¿Está aquí?	*Sí./No.*
Can you ski?	**Yes, I can.** **No, I can't.**
¿Sabes esquiar?	*Sí./No.*
Should I do it?	**Yes, you should.** **No, you shouldn't.**
¿Debería hacerlo?	*Sí./No.*
Have they won?	**Yes, they have** **No, they haven't.**
¿Han ganado?	*Sí./No.*
Were we the best?	**Yes, you were.** **No, you weren't.**
¿Fuimos los mejores?	*Sí./No.*

En las preguntas en el presente simple utilizamos **do/does** en la respuesta corta y **did** si la pregunta está en el pasado simple:

Does he work here?	**Yes, he does.** **No, he doesn't.**
¿Trabaja aquí?	*Sí./No.*
Do they live in Boston?	**Yes, they do.** **No, they don't.**
¿Viven en Boston?	*Sí./No.*

Did she take part in the competition?	**Yes, she did.** **No, she didn't.**
¿Participó en el concurso?	*Sí./No.*

Podemos emplear **neither** para manifestar una coincidencia de opinión con una proposición negativa:

She doesn't like the course. *A ella no le gusta el curso.*	**Neither do I.** *A mí tampoco.*
We can't go. *No podemos ir.*	**Neither can they.** *Ellos tampoco.*
I didn't read it. *No lo leí.*	**Neither did he.** *Él tampoco.*

y **so** cuando la proposición es afirmativa:

I am touched. *Estoy muy emocionado.*	**So am I.** *Yo también.*
I should do it. *Debería hacerlo.*	**So should I.** *Yo también.*

Phrasal verbs

Los **phrasal verbs** están compuestos por un verbo y una partícula que puede ser una preposición o un adverbio.

Muchas veces el uso del verbo y de la partícula es literal y podemos deducir su significado fácilmente. Por ejemplo, **out** puede traducirse como *fuera,* así que podemos entender estos dos **phrasal verbs** perfectamente:

to get out.
salir.

to run out.
salir corriendo.

Lo mismo ocurre con **down,** *abajo,* de modo que se puede captar fácilmente el significado de estos verbos:

to walk down.
bajar andando.

to go down.
bajar.

Sin embargo, otras veces la combinación del verbo y la partícula no permite deducir su significado:

to run out of something.
quedarse sin algo.

to break down.
estropearse o *echarse a llorar.*

Se han identificado cuatro tipos de **phrasal verbs.** Como hemos explicado, los **phrasal verbs** están compuestos por un verbo y una partícula que puede ser una preposición o un adverbio. En las cuatro definiciones utilizamos el término *adverbio* para referirnos a las partículas que pueden situarse en varias posiciones dentro de la frase.

En cambio, empleamos el término *preposición* para referirnos a las partículas que van inmediatamente después del verbo y no pueden cambiar de posición en la frase. Se utilizará la palabra *partícula* para referirse tanto a la preposición como al adverbio.

⇨ Verbo + partícula sin objeto

Estos verbos no tienen objeto. La combinación del verbo y la partícula puede tener o no un sentido literal:

She sat down.
Se sentó.

They will get up.
Se levantarán.

They are going to break up.
Van a separarse.

Our plans have fallen through.
Nuestros planes han fracasado.

⇨ Verbo + adverbio + objeto

En este tipo de **phrasal verb** hay un objeto. Recuerde que el uso de la palabra *adverbio* significa que la partícula puede cambiarse de sitio dentro de la frase, de forma que puede ir junto al verbo o después del objeto. Estos verbos pueden utilizarse con un sentido literal o no:

I put the painting up./I put up the painting.
Colgué el cuadro.

She took the plates away./She took away the plates.
Se llevó los platos.

They are going to put the meeting off. /They are going to put off the meeting.
Van a posponer la reunión.

Podemos emplear un pronombre objeto que se se sitúa entre el verbo y el adverbio:

I put it up.
Lo colgué.

She took them away.
Se los llevó.

They are going to put it off.
Lo van a posponer.

No se puede situar este pronombre objeto al final de la frase. Sería incorrecto decir: **they are going to put off it.**

⇨ Verbo + preposición + objeto

Este tipo de **phrasal verb** también va acompañado de un objeto. Recuerde que el uso de la palabra *preposición* significa que la partícula tiene que ir necesariamente junto al verbo, sin que pueda cambiar de posición en la frase.

Estos verbos también pueden utilizarse con un sentido literal o no:

She walked across the park.
Atravesó el parque.

They drove into the garage.
Metieron el coche en el garaje.

She takes after her mother.
Se parece a su madre.

Podemos emplear un pronombre objeto **me, you, him, her, it, us, them,** que situamos necesariamente después de la partícula:

She walked across it.
Lo atravesó.

They drove into it.
Metieron el coche allí.

She takes after her.
Se parece a ella.

No podemos situar el pronombre objeto entre el verbo y la partícula. Sería incorrecto decir: **she walked it across.**

⇨ Verbo + adverbio + preposición

Estos **phrasal verbs** están compuestos por un verbo y dos partículas. Tienen una estructura mucho más rígida, ya que las partículas van unidas al verbo en un orden fijo y no se pueden separar ni mover:

I can't put up with it anymore.
No lo soporto más.

She's looking forward to her holiday.
Las vacaciones le hacen mucha ilusión.

He gets on well with his boss.
Se lleva bien con su jefe.

LISTA DE VERBOS IRREGULARES

Muchas veces no existe una única traducción del verbo y nos hemos limitado a ofrecer la más común o útil:

infinitive	*past tense*	*past participle*	*español*
be	was, were	been	*ser/estar*
beat	beat	beaten	*vencer*
become	became	become	*llegar a ser*
begin	began	begun	*empezar*
bet	bet, betted	bet, betted	*apostar*
bite	bit	bitten	*morder*
bleed	bled	bled	*sangrar*
blow	blew	blown	*soplar*
break	broke	broken	*romper*
bring	brought	brought	*traer*
build	built	built	*construir*
burn	burnt, burned	burnt, burned	*quemar*
buy	bought	bought	*comprar*
catch	caught	caught	*coger*
choose	chose	chosen	*elegir*
come	came	come	*venir*
cost	cost	cost	*costar*
cut	cut	cut	*cortar*
dig	dug	dug	*cavar*
do	did	done	*hacer*
draw	drew	drawn	*dibujar*
dream	dreamt, dreamed	dreamt, dreamed	*soñar*
drink	drank	drunk	*beber*
drive	drove	driven	*conducir*
eat	ate	eaten	*comer*
fall	fell	fallen	*caer*
feed	fed	fed	*alimentar*
feel	felt	felt	*sentir*

infinitive	*past tense*	*past participle*	*español*
fight	fought	fought	*luchar*
find	found	found	*encontrar*
fly	flew	flown	*volar*
forget	forgot	forgotten	*olvidar*
get	got	got, gotten	*conseguir*
give	gave	given	*dar*
go	went	gone	*ir*
grow	grew	grown	*crecer*
hang	hung, hanged	hung, hanged	*colgar*
have	had	had	*tener*
hear	heard	heard	*oír*
hide	hid	hidden	*esconder*
hit	hit	hit	*pegar*
hold	held	held	*sostener*
hurt	hurt	hurt	*hacer daño*
keep	kept	kept	*guardar*
know	knew	known	*conocer/saber*
learn	learnt, learned	learnt, learned	*aprender*
leave	left	left	*dejar/abandonar*
lend	lent	lent	*prestar*
let	let	let	*permitir*
lie	lay	lain	*tumbarse*
light	lit, lighted	lit, lighted	*iluminar*
lose	lost	lost	*perder*
make	made	made	*hacer*
mean	meant	meant	*significar*
meet	met	met	*encontrarse con/conocer a alguien*
pay	paid	paid	*pagar*
put	put	put	*poner*
read [ri:d]	read [red]	read [red]	*leer*
ride	rode	ridden	*montar*
ring	rang	rung	*llamar*
run	ran	run	*correr*
say	said	said	*decir*
see	saw	seen	*ver*
sell	sold	sold	*vender*
send	sent	sent	*mandar*
shake	shook	shaken	*sacudir*
shoot	shot	shot	*disparar*
show	showed	shown, showed	*mostrar*
shut	shut	shut	*cerrar*
sing	sang	sung	*cantar*
sink	sank	sunk	*hundirse*
sit	sat	sat	*sentarse*
sleep	slept	slept	*dormir*
smell	smelt, smelled	smelt, smelled	*oler*

infinitive	*past tense*	*past participle*	*español*
speak	spoke	spoken	*hablar*
spell	spelt, spelled	spelt, spelled	*deletrear*
spend	spent	spent	*gastar*
spoil	spoilt, spoiled	spoilt, spoiled	*estropear*
spread	spread	spread	*difundir*
stand	stood	stood	*estar de pie*
steal	stole	stolen	*robar*
stick	stuck	stuck	*pegar*
take	took	taken	*coger/llevar*
teach	taught	taught	*enseñar*
tell	told	told	*decir*
think	thought	thought	*pensar*
throw	threw	thrown	*tirar/arrojar*
understand	understood	understood	*entender*
wake	woke	woken	*despertarse*
wear	wore	worn	*llevar puesto*
win	won	won	*ganar*
write	wrote	written	*escribir*

PREPOSICIONES

Las preposiciones informan sobre la ubicación de los objetos que se mencionan dentro de una frase.

PREPOSICIONES DE LUGAR

⇨ **At**

At hace referencia a un lugar preciso:

at the front of the cinema
en las primeras filas del cine

at the bus-stop
en la parada del autobús

at the back of the bus
al fondo/en la parte trasera del autobús

at the top of the page
al principio de la página

at the bottom of the page
al final de la página

at the bottom of the box.
al fondo de la caja.

⇨ **In**

Esta preposición significa que algo está dentro de un espacio limitado/acotado:

My suit is in the cupboard.
Mi traje está en el (dentro del) armario.

There are some cows in the field.
Hay algunas vacas en el prado.

What have you got in your pocket?
¿Qué tienes en el bolsillo?

She's in the water.
Está en el agua.

⇨ On

Sugiere que algo está colocado encima de una superficie, sea horizontal o vertical, o siguiendo una línea:

The picture is on the wall.
El cuadro está en (sobre) la pared.

The spider is on the ceiling.
La araña está en el techo.

on the road from Dover to London
en la carretera de Dover a Londres

on the top of the box
en la parte superior de la caja

on the front of the magazine
en la portada de la revista

on the back of the magazine
en la contraportada de la revista

on the bottom of the box
sobre el fondo de la caja

⇨ Under/below

Empleamos **under** para expresar que una cosa se encuentra físicamente debajo de otra:

His shoes were under the bed.
Sus zapatos estaban debajo de la cama.

mientras **below** sugiere que una cosa se encuentra simplemente en un nivel más bajo que otra:

The town is below the mountain.
El pueblo está al pie de la montaña.

Her earnings are far below her usual standard of living.
Sus recursos económicos son muy inferiores a su estilo de vida.

Además, utilizamos **below** para hacer referencia a las medidas de una escala (véase **above**):

It's twenty degrees below zero.
Son veinte grados bajo cero.

⇨ Above/over

Empleamos **above** y **over** para indicar que una cosa se encuentra situada a un nivel más alto que otra:

The plane is over/above the mountain.
El avión está sobrevolando la montaña.

Además, **over** conlleva en ocasiones el sentido de *cubrir:*

I put the cloth over the table.
Puse el mantel encima de la mesa. (cubriendo la mesa)

She put her coat over the chair.
Puso su abrigo sobre la silla. (cubriéndola)

Es muy común utilizar **over** con cifras, frecuentemente para indicar una cantidad aproximada:

There were over ten thousand people at the concert.
Había más de diez mil personas en el concierto.

Se suele emplear **above** para hacer referencia a las medidas de una escala:

It is only two degrees above zero.
Sólo hay dos grados.

100 metres above sea level
100 metros sobre el nivel del mar

⇨ Near

Podemos utilizar **near** para expresar que una cosa se encuentra cerca de otra:

My house is near here.
Mi casa está cerca de aquí.

We are near to the station.
Estamos cerca de la estación.

⇨ Next to/beside/by

Utilizamos **next to/beside** y **by** para indicar que una cosa se encuentra próxima o muy cercana a otra:

Come and sit beside me./Come and sit next to me./Come and sit by me.
Ven y siéntate a mi lado.

Put it beside the television./Put it next to the television./Put it by the television.
Ponlo al lado de la televisión.

⇨ Among/between

Podemos utilizar **between** cuando algo se encuentra entre dos puntos de referencia:

> **I was sitting between a boy and a girl.**
> *Estaba sentado entre un niño y una niña.*

> **The road runs between the mountains.**
> La carretera pasa entre las montañas.

En cambio, empleamos **among** para indicar que algo se encuentra dentro de un grupo numeroso de objetos o personas:

> **She got lost among the crowd.**
> *Se perdió entre la muchedumbre.*

> **He ran among the cars.**
> *Corrió entre los coches.*

⇨ Behind

Empleamos **behind** para indicar que una cosa se encuentra detrás de otra:

> **The blackboard is behind the teacher.**
> *La pizarra está detrás del profesor.*

⇨ In front of

Podemos utilizar **in front of** para indicar que una cosa está situada delante de otra:

> **The teacher is in front of the blackboard.**
> *El profesor está delante de la pizarra.*

⇨ Opposite

Utilizamos **opposite** para decir que dos elementos se encuentran situados frente a frente:

> **They are sitting opposite each other.**
> *Están sentados el uno frente al otro.*

PREPOSICIONES DE MOVIMIENTO

⇨ To

Empleamos **to** para indicar el punto de destino:

> **I am flying to Moscow tomorrow.**
> *Mañana me voy a Moscú en avión.*

➩ From

Se puede utilizar **from** para indicar el punto de partida:

We drove from Paris to Bonn in three hours.
Tardamos tres horas en coche de París a Bonn.

➩ Up

Up implica un movimiento ascendente:

The cat went up the tree.
El gato se subió al árbol.

➩ Up to

Up to implica la existencia de un movimiento que se prolonga hasta llegar a un punto preciso en el que se detiene la acción:

Two men walked up to me and...
Se me acercaron dos hombres y...

➩ Down

Down describe un movimiento descendente:

We ran down the hill.
Corrimos cuesta abajo.

➩ Towards

Towards sugiere un movimiento dirigido con precisión hacia un punto:

The strange light was coming towards me.
La extraña luz venía hacia mí.

➩ Away from

Away from expresa un movimiento de alejamiento respecto al punto de partida:

The prisoner ran away from the prison.
El prisionero se alejó de la cárcel corriendo.

➩ Out of

Out of significa el movimiento desde el interior hacia fuera:

He walked out of the house and into the garden.
Salió de casa y entró en el jardín.

She took a pistol out of her pocket.
Sacó una pistola del bolsillo.

⇨ Into

Into expresa movimiento desde el exterior hacia el interior:

> **She walked calmly into the room.**
> *Entró con calma en la habitación.*

⇨ Off

Off implica alejamiento de una superficie:

> **He took the plate off the table.**
> *Quitó el plato de la mesa.*

⇨ Onto

Onto expresa acercamiento a una superficie:

> **They put the papers onto the desk.**
> *Pusieron los papeles en la mesa.*

⇨ Across/through

Podemos utilizar estas dos palabras para referirnos a un movimiento que se dirige desde una orilla o lado de un área determinada hasta la orilla o lado contrario.

Across sugiere que el movimiento se desarrolla sobre una superficie:

> **We walked across the road.**
> *Cruzamos la calle.*

> **The steamer sailed across the river.**
> *El barco de vapor cruzó el río.*

Through sugiere que un elemento atraviesa a otro y está rodeado por todos los lados:

> **They went through a tunnel.**
> *Atravesaron un túnel.*

> **We couldn't get through the crowds.**
> *No podíamos atravesar la masa humana.*

⇨ Round/around

Estas dos preposiciones describen un movimiento en círculo o siguiendo una curva:

> **You can drive round Madrid on the M 30./You can drive around Madrid on the M 30.**
> *Puedes rodear Madrid por la M 30.*

Además, ambas preposiciones pueden utilizarse para sugerir la idea de un movimiento impreciso o sin propósito definido:

We wandered round/around the city.
Dimos una vuelta por la ciudad.

There were lots of people moving round/around.
Había mucha gente dando vueltas.

PREPOSICIONES DE TIEMPO

⇨ On

Utilizamos **on** con los días y las fechas que hacen referencia a un día concreto:

on Monday	*el lunes*
on the 21st	*el día 21*
on Christmas Day	*en Navidad*
on my birthday	*el día de mi cumpleaños*

⇨ In

Se suele utilizar **in** con las partes del día:

in the morning	*por la mañana*
in the afternoon	*por la tarde*
in the evening	*por la tarde/noche*

➢ pero, como excepción,

at night	*por la noche*

con los meses:

in January	*en enero*
in August	*en agosto*

con las estaciones del año:

in the summer	*en verano*
in the winter	*en invierno*
in the autumn	*en otoño*
in the spring	*en primavera*

con años y siglos:

in 1952	*en 1952*
in the 19th century	*en el siglo XIX*

⇨ At

Podemos utilizar **at** con las horas:

at six pm	*a las seis de la tarde*
at a quarter to twelve	*a las doce menos cuarto*

con los días festivos y celebraciones religiosas:

at Christmas	*en Navidad*
at Easter	*en Semana Santa*

Las expresiones que incluyen **ago/last/next/tomorrow/yesterday** no suelen llevar preposición alguna:

two weeks ago	*hace dos semanas*
last year	*el año pasado*
next week	*la semana que viene*
the day after tomorrow	*pasado mañana*
yesterday morning	*ayer por la mañana*

⇨ **During/for**

Se suele utilizar **for** para contestar a la pregunta: *¿cuánto tiempo?* Habitualmente aparece junto a expresiones o unidades de tiempo **(three weeks/two months/five centuries,** etc.):

I was in the hotel for ten days.
Estuve en el hotel diez días.

They are going to be here for three months.
Van a estar aquí tres meses.

Empleamos **during** con nombres que hacen referencia a periodos de tiempo. El uso de **during** responde habitualmente a la pregunta *¿cuándo?:*

I stayed there during my summer holidays.
Me alojé allí durante mis vacaciones de verano.

She fell asleep during the exam.
Se durmió durante el examen.

Preposiciones y verbos

Una preposición puede acompañar a un verbo. Algunas de estas preposiciones causan problemas a los hispanoparlantes debido a la diferencia de uso entre el inglés y el español. A continuación, enumeramos algunas particularmente problemáticas:

This perfume smells <u>of</u> oranges.
Este perfume huele a naranjas.

I'll think <u>about</u> you.
Pensaré en ti.

He dreamt <u>about</u> her.
Soñó con ella.

Please wait for me.
Espérame, por favor.

Ask for the bill.
Pide la cuenta.

He wouldn't pay for it.
No lo iba a pagar.

I'm interested in languages.
Me interesan los idiomas.

It depends on the time.
Depende del tiempo.

Listen to me.
Escúchame.

CONJUNCIONES

Las conjunciones sirven principalmente para unir palabras o proposiciones.

LAS CONJUNCIONES *AND/BUT/OR*

And une o enlaza dos cláusulas o dos términos separados:

I went to the lake and I went to the river.
Fui al lago y fui al río.

She bought a pair of trousers and a jacket.
Ella se compró unos pantalones y una chaqueta.

But subraya el contraste existente entre dos cláusulas o dos términos:

He's not really intelligent, but he's very attractive.
No es muy inteligente, pero sí muy atractivo.

We are poor, but happy.
Somos pobres, pero felices.

Empleamos **or** para presentar una alternativa o posibilidad:

We can go by train or we can go by bus.
Podemos ir en tren o en autobús.

You can have chicken or steak.
Puedes tomar pollo o filete.

CONJUNCIONES DE PROPÓSITO

El infinitivo puede expresar un propósito:

He closed the door <u>to keep</u> warm.
Cerró la puerta para mantener el calor.

She ran home <u>to be</u> in time for the match.
Corrió a casa para llegar a tiempo para (ver) el partido.

Podemos acompañar un infinitivo de **in order** o **so as,** cuyo uso es opcional:

She left early (in order) to catch the last bus.
Salió temprano para coger el último autobús.

They are coming tomorrow (so as) to prepare for the conference.
Vienen mañana para prepararse para la conferencia.

También podemos emplear **so that** para expresar un propósito. Después de **so that** es necesario añadir una cláusula entera:

She opened the door so that the cat could come in.
Abrió la puerta para que entrara el gato.

For puede expresar propósito en dos casos específicos:

- **for** + <u>nombre</u> para dar a conocer un objetivo:

We went out for a drink.
Salimos para tomar algo.

They will go for a run.
Harán footing.

- **for** + verbo en **–ing** para describir la utilidad de un objeto:

A hammer is for hitting nails.
El martillo sirve para clavar clavos.

A toothbrush is for cleaning your teeth.
Un cepillo de dientes sirve para limpiarse los dientes.

CONJUNCIONES DE CONTRASTE

- **although** y **though:**

Although she had been working all night she wasn't tired.
Aunque llevaba toda la noche trabajando, no tenía sueño.

He is Spanish, though he can speak English and German fluently.
Es español, aunque habla inglés y alemán con fluidez.

Si queremos dar mayor énfasis a la frase, podemos añadir **even** delante de **though:**

Even though she hasn't really revised enough she's going to do the exam.
Aunque no ha repasado lo suficiente, va a presentarse al examen.

Just keep saying 'yes', even though you don't understand.
Sigue diciendo «sí» aunque no entiendas nada.

- **despite** o **in spite of** + nombre:

  He finished off the cake in spite of his diet.
  Acabó con el pastel a pesar de su régimen.

  Despite their difference in age they decided to get married.
  A pesar de la diferencia de edad, decidieron casarse.

  Se puede introducir una cláusula entera si añadimos **the fact that:**

  In spite of the fact that she had three alarm clocks she still didn't get up in time.
  A pesar del hecho de que tenía tres despertadores, se durmió.

  Despite the fact that he had been on a do-it-yourself course he couldn't fix the cupboard.
  A pesar del hecho de que había hecho un curso de bricolaje, no supo arreglar el armario.

Conjunciones causales

Las conjunciones causales explican por qué ha ocurrido algo e introducen la razón de una circunstancia. Con este fin empleamos **because:**

We went to buy some cheese because we were going to make a pizza.
Fuimos a comprar queso porque ibamos a hacer una pizza.

En un inglés más formal, se puede sustituir **because** por **as** o **since,** que suelen situarse al principio de la frase:

As it was raining we didn't go out.
Como llovía, no salimos.

Since there's no time left we'll have to postpone it.
Dado que no queda tiempo, tendremos que posponerlo.

También podemos utilizar **because of** + un nombre:

The match was cancelled because of heavy rain.
El partido fue cancelado a causa de la lluvia intensa.

Conjunciones de modo

Empleamos **as** como una conjunción de comparación de igualdad. En estos casos, **as** va seguida de una cláusula entera:

He's an excellent cook, as his mother used to be.
Es un cocinero excelente, como lo era su madre.

Si deseamos hacer una comparación de igualdad con un nombre, utilizaremos **like:**

He looks a bit like a rock star from the seventies.
Se parece un poco a una estrella de rock de los setenta.

She's like a Greek goddess.
Es como una diosa griega.

Empleamos **as if** para indicar que algo parece ser verdad, aunque no lo sea:

She looks as if she's been awake all night.
Parece como si llevara toda la noche despierta.

They look as if they've come from a fancy dress party.
Parece como si acabaran de salir de una fiesta de disfraces.

He acts as if he is the boss.
Se comporta como si fuera el jefe.

Conjunciones condicionales

Unless sugiere que algo no ocurrirá si no se da una determinada circunstancia:

I won't go unless she pays.
No iré a menos que pague ella.

She won't tidy her room unless you help her.
No arreglará su cuarto a menos que la ayudes.

u ocurrirá si nada se lo impide:

They'll be here at six, unless they miss the train.
Estarán aquí a las seis a menos que pierdan el tren.

He'll pass all his exams unless he makes a stupid mistake.
Aprobará todos los examenes salvo que cometa un error estúpido.

As long as nos dice que algo ocurrirá sólo si otra cosa también ocurre:

I'll tell you as long as you promise not to tell anyone else.
Te lo diré con tal de que prometas no decírselo a nadie más.

She'll come as long as she thinks John is going to be there.
Vendrá simpre que piense que John estará allí.

Conjunciones consecutivas

Podemos utilizar las conjunciones **so/that's why** para explicar las consecuencias de una situación o acción:

It was freezing cold so we went inside.
Hacía muchísimo frío, así que nos metimos dentro.

He thought it was going to rain, that's why he's got an umbrella with him.
Pensaba que iba a llover, por eso lleva un paraguas.

NÚMEROS

Existen semejanzas entre el uso de los números en inglés y en español. Sin embargo, hay algunas diferencias significativas que merecen un comentario.

LOS NÚMEROS CARDINALES Y ORDINALES

cardinales		*ordinales*	
1	one	1st	first
2	two	2nd	second
3	three	3rd	third
4	four	4th	fourth
5	five	5th	fifth
6	six	6th	sixth
7	seven	7th	seventh
8	eight	8th	eighth
9	nine	9th	ninth
10	ten	10th	tenth
11	eleven	11th	eleventh
12	twelve	12th	twelfth
13	thirteen	13th	thirteenth
14	fourteen	14th	fourteenth
15	fifteen	15th	fifteenth
16	sixteen	16th	sixteenth
17	seventeen	17th	seventeenth
18	eighteen	18th	eighteenth
19	nineteen	19th	nineteenth
20	twenty	20th	twentieth
21	twenty-one	21st	twenty-first
30	thirty	30th	thirtieth
40	forty	40th	fortieth
50	fifty	50th	fiftieth
60	sixty	60th	sixtieth
70	seventy	70th	seventieth

cardinales		*ordinales*	
80	eighty	80th	eightieth
90	ninety	90th	ninetieth
100	a/one hundred	100th	(one) hundredth
101	a/one hundred and one	101st	(one) hundred and first
200	two hundred	200th	two hundredth
1,000	a/one thousand	1,000th	(one) thousandth
1,246	a/one thousand two hundred and forty-six	1,246th	one thousand two hundred and forty-sixth
1,000,000	a/one million		millionth

➢ En inglés, **a billion** equivale a mil millones.

Se suele separar el término **hundred** de los demás números que componen una determinada cifra con la palabra **and:**

one hundred and forty two
ciento cuarenta y dos

ten thousand, six hundred and sixteeen
diez mil seiscientos dieciséis

Hundred/thousand/million no tienen plural cuando se utilizan con una cifra determinada:

four hundred people
cuatrocientas personas

ten thousand birds
diez mil pájaros

two million dollars
dos millones de dólares

Sin embargo, cuando expresan una cantidad intederminada, es posible utilizarlos en plural:

hundreds of people
cientos de personas

thousands of ants
miles de hormigas

millions of flies
millones de moscas

⇨ El uso de *a* y *one*

Existen diferencias en el uso de **one** y **a** en inglés. Con frecuencia, **a** se refiere a algo indeterminado:

I've got a cat.
Tengo un gato.

She rides a motorbike.
Va en moto.

Look, there is a giraffe.
Mira, hay una jirafa.

Sin embargo, cuando es necesario expresar un número exacto es mejor utilizar **one:**

I bought one ice-cream; my friend bought three.
Compré un helado; mi amigo compró tres.

They are going to give me a cheque for exactly one hundred pounds.
Van a darme un cheque de cien libras exactamente.

Walk precisely one hundred metres to the north. The treasure is marked with an 'X'.
Ande exactamente cien metros hacia el norte. El lugar donde está escondido el tesoro está marcado con una «X».

⇨ El uso de *a* con números

Se puede decir **a hundred** si no hay ninguna cifra delante de **hundred:**

a hundred and ninety two
ciento noventa y dos

Lo mismo ocurre con **thousand:**

a thousand and fifty nine
mil cincuenta y nueve

Sin embargo, cuando hay una cifra delante de **hundred** o de **thousand**, no empleamos **a** sino **one:**

three thousand, one hundred and twenty nine
tres mil ciento veintinueve

ten million, one thousand and eighty
diez millones mil ochenta

⇨ El punto y la coma

Existe una diferencia en la forma de escribir las cifras en español y en inglés: donde en español se utiliza la coma, en inglés empleamos el punto, y viceversa. Por ejemplo, para expresar la cantidad de 20.000 pesetas hay que sustituir los puntos por las comas, es decir:

español	*inglés*
20.000	20,000

Cuando se trata de números decimales, el inglés utiliza un punto en los casos en que el español emplea una coma:

español	*inglés*
14,5	14.5

Así pues, *mil quinientos coma cinco* se convierte en:

español	*inglés*
1.500,5	1,500.5

Cuando la cifra se compone de décimas, empleamos la palabra **point,** *punto.* Por ejemplo: **1.5** se dice en inglés **one point five.** En español, en cambio, utilizamos una coma: **1,5** *(uno coma cinco).*

⇨ El cero

En inglés británico, además de **zero,** empleamos la palabra **nought:**

Sales rose by nought point seven.
Las ventas crecieron un cero coma siete.

En las medidas de una escala, sin embargo, se prefiere **zero:**

It's twenty degrees below zero.
Son veinte grados bajo cero.

En los comentarios deportivos, el inglés británico utiliza también la palabra **nil:**

We won five - nil.
Ganamos cinco a cero.

⇨ Los números ordinales

Utilizamos los números ordinales para expresar el orden dinástico de reyes y reinas:

Henry the eighth
Enrique octavo

Louis the fourteenth
Luis catorce

y para numerar los siglos:

the nineteenth century
el siglo XIX

the sixteenth century
el siglo XVI

⇨ Las fracciones

Expresamos las fracciones mediante números ordinales:

one fifth
un quinto

two sevenths
dos séptimos

Sin embargo, existen algunas excepciones como éstas:

one quarter
un cuarto

one half
una mitad

EXPRESIONES NUMÉRICAS

⇨ **La hora**

What time is it?
¿Qué hora es?

➢ Recuerde que la hora va siempre en singular:

It's 6 o'clock.
Son las seis en punto.

It's ten past seven.
Son las siete y diez.

Podemos utilizar las siguientes expresiones para referirnos a un momento determinado del día:

It's midday.
Es mediodía.

It's midnight.
Es medianoche.

a las medias de la hora:

It's half past three.
Son las tres y media.

a los cuartos de la hora:

It's a quarter to nine.
Son las nueve menos cuarto.

It's a quarter past seven.
Son las siete y cuarto.

a las fracciones que exceden de la hora exacta:

It's ten past four.
Son las cuatro y diez.

It's six minutes past ten.
Son las diez y seis minutos.

a las fracciones que faltan para la hora exacta:

It's twenty <u>to</u> eight.
Son las ocho <u>menos</u> veinte.

It's three minutes <u>to</u> two.
Son las dos <u>menos</u> tres minutos.

También podemos decir la hora de una forma abreviada:

09.15	**nine fifteen**
12.35	**twelve thirty five**
18.45	**six forty five**

a.m. se refiere al periodo que abarca desde la medianoche al mediodía:

6 a.m.	*las seis de la mañana*
9.45 a.m.	*las diez menos cuarto de la mañana*

y **p.m.** al periodo entre el mediodía y la medianoche:

19.56 p.m.	*las ocho menos cuatro de la tarde*
21.24 p.m.	*las nueve y veinticuatro de la noche*

⇨ **Fechas**

Normalmente empleamos la numeración ordinal para referirnos al día del mes, el cual, además, se escribe con mayúscula:

the thirteenth of June	*el trece de junio*
May the fifth	*el cinco de mayo*

En el lenguaje escrito, no es necesario ni **the** ni **of:**

June 6th	*el seis de junio*

➢ **Diferencias entre el inglés británico y el americano:**

En inglés británico, las fechas se escriben poniendo primero el día y a continuación el mes:

13.6.99	*el 13 de junio*

Sin embargo, cuando las fechas se escriben en inglés americano, primero aparece el mes y luego el día:

12.25.99	*el 25 de diciembre*

LOS AÑOS

Cuando nos referimos a un periodo anterior al año 1000, se dice el número entero:

846	eight hundred and forty six
789	seven hundred and eighty nine

A partir del año 1000, se separan los dos primeros dígitos del segundo par:

1812	eighteen-twelve
1948	nineteen-forty eight

⇨ *Una vez, dos veces,* etc.

Utilizamos **once** para decir *una vez* y **twice** para decir *dos veces.* La numeración continúa de la forma siguiente:

once	*una vez*
twice	*dos veces*
three times	*tres veces*
four times	*cuatro veces*
five times	*cinco veces*
six times etc.	*seis veces*

⇨ Operaciones aritméticas

Suma:

10 + 17 = 27	ten **and** seventeen is twenty-seven
	ten **plus** seventeen is twenty-seven

Sustracción:

19 – 5 = 14	nineteen **minus** five is fourteen
	five **from** nineteen is fourteen

Multiplicación:

2 × 6 = 12	two times six is twelve
	two sixes are twelve

División:

12 : 2 = 6	twelve divided by two is six
	two into twelve goes six (uso más coloquial)

Podemos utilizar **equals** para referirnos al total de la suma, aunque es más común el uso de **is:**

10 + 17 = 27	ten and seventeen equals twenty-seven

⇨ Números de teléfono

Al dictar un número de teléfono, se enumeran los dígitos por separado, excepto cuando uno se repite y se puede decir **double** X. El *cero* en inglés británico es **oh** y en inglés americano **zero:**

0171-538-6197	(inglés británico)	**oh one seven one, five three eight, six one nine seven**
	(inglés americano)	**zero one seven one, five three eight, six one nine seven**

93-533-6602	(inglés británico)	**nine three, five double three, double six oh two**
	(inglés americano)	**nine three, five three three, six six zero two**

➩ **Medidas**

Se puede expresar las medidas de un lugar de la siguiente manera:

The room is six metres by four metres.
La habitación tiene seis metros por cuatro.

Cuando se trata de superficies, se puede decir:

The flat has a surface area of forty metres square.
El piso tiene la superficie de cuarenta metros cuadrados.

Si queremos describir la altura o peso de alguien, podemos decir:

She is one metre seventy two.
She is one metre seventy two centimetres tall.
Ella mide un metro setenta y cinco.

He weighs seventy nine kilos.
He is seventy nine kilos.
Él pesa setenta y nueve kilos.

Empleamos **a/an** o **per** para determinar una cantidad en relación a un periodo de tiempo:

She earns thirty pounds an hour/per hour.
Gana treinta libras a la hora.

We went there three times a week/per week.
Fuimos allí tres veces por semana.

Take your tablets four times an hour/per hour.
Tome cuatro pastillas cada hora.

They were going at eighty miles an hour/per hour.
Iban a ochenta millas por hora.

Observe el uso de **half,** *media:*

We ran for half a mile.
Corrimos media milla.

She spoke for half an hour.
Habló media hora.

Cuando se trata de periodos superiores a la hora, el nombre va en plural:

They arrived two and a half hours late.
Llegaron con un retraso de dos horas y media.

PUNTUACIÓN

En general, la puntuación en inglés y en español sigue las mismas reglas. Sin embargo, hay algunas pequeñas diferencias que merece la pena destacar.

(.) FULL STOP, *PUNTO*

El punto sirve para marcar el final de la oración, exceptuando aquellos casos en que ésta termine con un signo de exclamación o interrogación:

He is lucky.
What's the time?
Hurry up!

Al igual que en español, el punto se utiliza también al final de las abreviaturas: **St. John's Square, O. J. Simpson.**

(,) COMMA, *COMA*

Podemos utilizar las comas para separar los elementos de una lista:

We drank wine, whisky, brandy and port.
Bebimos vino, whisky, brandy y oporto.

También empleamos la coma después de una cláusula que empieza por **if/when/after:**

If she's ready, we can go.
Si está lista, podemos ir.

When you know, just write and tell me.
Cuando lo sepas, escribe y dímelo.

Además, utilizamos la coma para introducir un texto en estilo directo:

James said, 'I know you can, but I can't.'
James dijo: «Sé que tú puedes, pero yo no puedo».

También empleamos la coma con **and/or/but,** sobre todo cuando éstos introducen una cláusula:

We'd really like to, but we don't want to go right now.
Nos gustaría mucho, pero no queremos ir ahora mismo.

Asimismo, podemos utilizar la coma con pronombres relativos explicativos:

My brother, who wants to be a pilot, lives here.
Mi hermano, que quiere ser piloto, vive aquí.

(') APOSTROPHE, *APÓSTROFO*

Empleamos el apóstrofo cuando establecemos una relación de posesión:

This is Jason's room.
Este es el cuarto de Jason.

También utilizamos el apóstrofo en las contracciones:

I can't say.	**can not**
She doesn't know.	**does not**
We won't tell you.	**will not**
He's gone out.	**he has**
She's mad.	**she is**

y en el plural de las fechas y las letras:

the 1920's	*los años veinte*
the 1970's	*los setenta*
seven A's	*siete letras A*

(;) SEMICOLON, *PUNTO Y COMA*

El punto y coma separa dos frases independientes, habitualmente mediante **and, but** o **yet.** Se entiende que las dos frases están relacionadas y vinculadas por algún motivo:

It had been one of the worst days of my life; and it wasn't over yet.
Había sido uno de los peores días de mi vida; y todavía no se acabó.

The manager had agreed; the workers were still having doubts.
El director estuvo de acuerdo; los trabajadores todavía tenían dudas.

(:) COLON, *DOS PUNTOS*

Los dos puntos introducen una lista que consta de varios elementos:

We took the following things with us: a tent, two sleeping bags, a portable cooker, and a torch.
Llevamos con nosotros lo siguiente: una tienda, dos sacos de dormir, un horno portátil y una linterna.

(—) *DASH AND BRACKETS* O *PARENTHESES,* GUIÓN Y PARÉNTESIS

El guión o el paréntesis aportan una información complementaria:

Men (as my mother always used to tell me) are all the same.
Men — as my mother always used to tell me — are all the same.
Los hombres, como solía decir mi madre, son todos iguales.

(") *QUOTATION MARKS* O ("") *INVERTED COMMAS,* COMILLAS

En inglés, utilizamos las comillas dobles o sencillas en el estilo directo:

'I've got a new game,' she said.
"I've got a new game," she said.
«Tengo un nuevo juego», dijo.

(?) *QUESTION AND* (!) *EXCLAMATION MARKS,* SIGNOS DE INTERROGACIÓN Y ADMIRACIÓN

En inglés, empleamos estos signos solamente al final de la pregunta o exclamación:

Where are you going?
¿A dónde vas?

Come here!
¡Ven aquí!